AF343518

Les cinq secrets de James Bond

Aliocha Wald Lasowski

LES CINQ SECRETS DE JAMES BOND

Max Milo

BIOGRAPHIE

Professeur des universités, Aliocha Wald Lasowski enseigne la philosophie politique à Sciences-Po Lille, en cycle Master PPE « philosophie, politique, économie ».

Spécialiste d'André Gide, de Jean-Paul Sartre et d'Édouard Glissant, il écrit également sur la musique (*Le jeu des ritournelles*, Gallimard, 2017), la peinture (*Dialogue avec Alain Badiou sur l'Art et sur Pierre Soulages*, Cercle d'art, 2019) et le cinéma. Sa réflexion personnelle explore une esthétique des rythmes et une pensée du tempo.

Auteur de quinze livres, il est aussi journaliste : chroniqueur sur France-Culture de l'émission *Avis critique*, il écrit dans *L'Express* pour les pages « Idées ».

Du même auteur

Dialogue avec Alain Badiou sur l'Art et sur Pierre Soulages, Cercle d'art, 2019.

Panorama de la pensée d'aujourd'hui, tome 2, Pocket, 2019.

Le jeu des ritournelles, Gallimard, 2017.

Althusser et nous, Presses universitaires de France, 2016.

Panorama de la pensée d'aujourd'hui, tome 1, Pocket, 2016.

Édouard Glissant, penseur des archipels, Pocket, 2015.

Les larmes musicales, William Blake & Co, 2012.

Commentaire des Faux-monnayeurs *d'André Gide,* Atlande, 2012.

Philippe Sollers, l'art du sublime, Pocket, 2012.

Jean-Paul Sartre, une introduction, Pocket, 2011.

Rythmes de l'homme, rythmes du monde (dir.), Hermann, 2010.

Jacques Rancière. Politique de l'esthétique (dir.), Archives contemporaines, 2009.

Pensées pour le nouveau siècle, Fayard, 2008.

Commentaire de L'enfance d'un chef *de Jean-Paul Sartre*, Gallimard, 2007.

À mes quatre adorables chats,
Neko, Bambou, Pitchoune et Big Boss.
Petits fauves espions de la maison,
aussi doux et rusés que le félin persan blanc de Blofeld.

INTRODUCTION.
UN NOUVEAU REGARD SUR 007

> « Je crois que vous avez un secret
> que vous ne direz à personne.
> Car vous n'avez confiance en personne. »
> Moneypenny à 007,
> *Spectre*

Les penseurs du cinéma contre James Bond

Les philosophes du cinéma n'apprécient guère les films de 007.

Stanley Cavell, penseur américain des salles obscures, spécialiste de l'âge d'or du mélodrame hollywoodien, déplore « ce goût vulgaire du raffiné qui caractérise James Bond » dans *La projection du monde*. Gilles Deleuze pour sa part, qui montre magistralement dans *L'Image-mouvement* et *L'Image-temps* que le cinéma pense en percepts et affects, ou analyse la puissance de la couleur chez Minnelli et le cristal fêlé chez Renoir, énonce que « le succès actuel de James Bond semble représenter un retour à une conception rose de l'agent secret » dans « Philosophie de la Série Noire ». Roland Barthes, l'auteur des *Mythologies*, qui maintient un jeu esthétique entre l'image-fixe – la photographie ou chambre claire – et l'image-mobile diffusée par le « cube opaque » ou salle de projection, note que « Bond n'a jamais l'air de penser et cependant il décide toujours [...]. C'est un bel objet qui manipule d'autres objets » dans « Réponse à une question sur James Bond ». Quant au théoricien néo-marxiste slovène Slavoj Žižek, penseur lacanien du cinéma qui explore le leitmotiv stylistique, originel et traumatique dans l'œuvre d'Alfred Hitchcock, il évoque « les thrillers d'espionnage anticommunistes vulgaires du type de la série des James Bond » dans *Après l'émancipation*. De plus, Slavoj Žižek précise dans *Vous avez dit totalitarisme ?* que « la version postmoderne d'un film de James Bond pourrait être une sorte de drame existentiel ennuyeux. »

Pourtant, à sa manière, la saga de James Bond apporte sa pierre de touche à l'édifice philosophique du septième art.

L'œuvre visuelle qui met en scène l'agent secret 007 n'est ni ennuyeuse ni vulgaire : elle annonce et anticipe avec virtuosité le spectacle géopolitique contemporain, bouleverse les distinctions conventionnelles du masculin et du féminin, ou encore réinvente les codes culturels et rejoue les déterminations sociales. Derrière le pur divertissement spectaculaire des films de James Bond, derrière l'action légère, amusante et fantaisiste – « rose » selon Gilles Deleuze –, la saga de 007 est un phénomène culturel populaire qui ouvre un espace politique, renouvelle un regard esthétique et déploie un champ théorique.

Souvent présenté de manière lisse ou univoque, le personnage créé par Ian Fleming dans ses romans est un être plus complexe qu'il n'y paraît : incarnant de nouvelles formes d'hybridité ou d'indécidabilité, 007 vient perturber stéréotypes, carcans et clichés. À sa façon, il remet en question, par exemple, les relations établies de l'identité individuelle dans un ensemble collectif. Est-il un héros solitaire ou un agent au service d'un groupe, d'un idéal, d'une communauté, d'un milieu sociopolitique ?

Figure esthétique fortement constituée dès son apparition, il renouvelle autant le film d'espionnage que les enjeux liés aux représentations du sujet au cœur de la mondialisation. Avec James Bond, la hiérarchie entre culture savante et sophistiquée, *high culture*, et culture populaire et standardisée, *low culture*, disparaît. Comme principe générateur et organisateur d'une pratique culturelle, la saga de 007 modifie la frontière entre le classique et le divertissement. Dans ses travaux sociologiques Pierre Bourdieu explique que les valeurs et les goûts artistiques sont intériorisés comme normes déterminantes par les individus. Et aujourd'hui, on observe de plus en plus un déplacement, un bouleversement, du capital culturel dans une société davantage définie comme espace de différenciation.

Entre art légitime ou reconnu et plaisir inavouable ou défendu, comment sortir des hiérarchies au sein d'une théorie générale du jugement social ?

Héros du spectacle pur et, à ce titre, symbole de l'égalité esthétique, James Bond participe également au renouveau du cinéma démocratique et populaire, par la réinvention, dans le passage du texte à l'écran, de l'image-action.

Invention de l'image-action

La réalisation et la mise en scène des aventures de l'agent secret britannique marquent une étape décisive dans la transformation de la codification des péripéties épiques sur grand écran. Dans son déploiement filmique, l'image-action portée par la caméra sur 007 engage avec elle une chorégraphie visuelle, mobilise une nervosité graphique, construit un montage de plus en plus saccadé. Grâce à ce procédé stroboscopique, la saga 007 ré-enchante le cinéma conventionnel et ordinaire. La virtuosité est rythmique, comme – l'exemple est entre mille – lors de l'épisode de la fête du Junkanoo, le carnaval local de Nassau.

Si l'archipel des Bahamas est le cadre enchanteur du film *Opération Tonnerre*, James Bond s'y trouve encerclé au centre du Kiss Kiss Club, la boîte de nuit de la ville. Pendant que, traqué, il entame quelques pas de mambo, Fred Astaire malgré lui, au rythme des congas qui précipitent leur mouvement, un pistolet apparaît entre les rideaux de la scène. L'arme pointée vers la piste de danse, le tireur vise et attend le bon moment. Le revolver, les danseurs et l'instrument de musique, les trois ensemble, sont emportés dans le tourbillon des images ultra-rapides, de la musique frénétique et de la danse endiablée. Puis le tempo saccadé s'arrête brutalement. Musiciens, danseurs et images retrouvent leur calme.

Un meurtre a eu lieu.

Quel contraste saisissant offre à cette scène, dans le même film, le tournoiement lent, presque ralenti, des chorégraphies sous-marines ! Au milieu du lagon de Fowley Point, nouvelle piste de danse, parmi les raies mantas, les poulpes et les requins, les hommes-grenouilles s'affrontent dans un ballet aquatique. Les eaux cristallines et transparentes sont le spectacle d'un étrange affrontement entre l'Enfer et le Ciel. Les êtres nageants venus de la mer infernale, au service du cruel Émilio Largo, déplacent sous l'eau deux bombes à hydrogène, objet de la rançon exigée à l'OTAN. Ils sont assaillis par des êtres volants venus des airs, les parachutistes américains d'Orlando Beach, sautant des hélicoptères pour plonger dans la baie turquoise de Miami. Cette étrange valse silencieuse des profondeurs et des archipels, aux couleurs de sang, où se mêlent scaphandres et harpons, violence et lenteur, apporte sa folie à l'écran.

On retrouve un découpage stroboscopique de plans accélérés lors d'une scène du film *Moonraker*. Accompagné de Manuela, espionne de la station VH à Rio de Janeiro, James Bond se rend de nuit, en plein carnaval, à l'entrepôt

Carlos et Wilmsberg, une filiale de Drax Corporation, qui se trouve avenue Carioca. Pendant que l'agent britannique explore les caisses et cargaisons de l'entrepôt, son contact local attend son retour et surveille la ruelle. Peu à peu, le vertige de la samba urbaine gagne les corps et les passants forment autour de Manuela un cercle festif et dansant. Pourtant, au milieu du groupe gagné par la légèreté musicale, un inquiétant personnage costumé s'avance vers l'espionne. Soudain, par un mouvement de caméra, la ruelle devient étroite et semble sans issue. Le suspense, basé sur l'incertitude de la résolution et l'indécision de l'événement, est renforcé par l'alternance d'images au cœur de l'action entre la frénésie fiévreuse des danseuses brésiliennes et le calme du clown géant, Jaws, tueur au sang froid et au sourire carnassier. Dans cette scène, le sentiment du spectateur est divisé, pris dans une ambiance double, le rythme festif du carnaval d'un côté, la lenteur froide et maîtrisée de l'assassin de l'autre. L'effet dramatique est bien affaire de montage. Le suspense naît du regard troublé de Manuela et l'accélération intensifie la dramatisation.

Tout en effet de puissance et en quête de démesure, par leur radicalité dans l'artifice et le chaos maîtrisé de leur mise en scène, entre conformité narrative et surprise créatrice, les films de la saga 007 développent une esthétique d'un genre nouveau. Matières de présence et de mise en mouvement, ils composent une dramaturgie plastique inédite. Nous voudrions en proposer ici un décryptage d'un genre nouveau, lui aussi, nommé *la philoscopie.*

Mais qu'est-ce que la philoscopie ?

En médecine, la radioscopie permet entre autre d'observer le cheminement d'une substance dans un organe, en s'appuyant sur une instrumentation nouvelle (amplificateur de brillance, image formée sur un écran fluorescent, détecteur par rayons X, etc.) Même si elle n'est pas médicale mais filmique, la philoscopie s'inspire de compétences techniques inédites. Analyser l'image, au service d'une philosophie de l'écran, permet de visualiser des mouvements, de repérer des articulations, de souligner des nuances, souvent invisibles à l'œil nu. Il s'agit d'un appareillage de lecture qui décrypte autrement les effets de caméra.

Autre référence : en psychanalyse, la pulsion scopique désigne à la fois le désir d'observer et celui d'être vu. Cette pulsion, découverte par Freud et associée à la pulsion sexuelle, génère une dialectique entre regarder et être regardé. Dans ses travaux sur la sexualité, Freud distingue, en effet, le plaisir de regarder et la pulsion de voir. Cette distinction l'amène à différencier l'œil comme organe biologique de la vision et l'œil comme objet symbolique de la pulsion. Le mot « œil » (*oculus* en latin, *ophtalmos* en grec, *eye* en anglais) devient l'incarnation de l'image spéculaire.

En enquêtant sur les traces mnésiques et visuelles du moi, Freud approche ce que Henri Wallon nommera « le stade du miroir », les étapes progressives de représentation du moi, passage du morcelé à l'identité, de la dispersion à l'identification. L'image spéculaire se constitue dans un jeu entre le voir et l'être vu. Selon Freud, les trois temps de la pulsion scopique (autoérotisme, voyeurisme, exhibitionnisme) forment les moments de l'émergence d'un nouveau sujet, à la fois regardant et regardé, agent d'un regard inédit et extérieur à soi issu de l'activité pulsionnelle. Ce nouveau sujet est désigné par Freud comme « destinataire du spectacle ». Et l'analyse philoscopique du cinéma des James Bond maintient l'ambivalence de la pulsion scopique, pour faire émerger un nouveau sujet, le spectateur-témoin. Que cherchons-nous, en suivant les exploits de 007 ? De quel type de captation relève le regard curieux et fasciné du spectateur ?

Dès lors, dans le climat anxiogène de surveillance numérique généralisée où se multiplient les techniques d'observation digitales, les aventures d'un agent secret ne constituent-elles pas, finalement, un film sur le regard par le regard lui-même ? Dans le monde de l'observation, la série des James Bond nous conduit à interroger et à explorer les réseaux de contrôle et d'enregistrement. Les situations fictionnelles de l'agent secret questionnent aussi bien le mensonge, le déchiffrement, l'imposture, la trahison, la ruse, la tromperie, l'occulte, la réserve, la clandestinité, le silence, le simulacre, la dissimulation que la duplicité. S'inscrivant dans une investigation cinématographique par l'œil et le regard, l'écoute ou l'ouïe – de *Fenêtre sur cour* en 1954 à *Conversation secrète* en 1974, de *Blow Out* en 1981 à *La vie des autres* en 2006 – , le cinéma de 007 perce lui aussi le mystère de l'existence – réel véritable ou illusion factice ? –, à travers l'écran opaque ou obscur, comme par le trou d'une serrure.

Lors de sa mission à Tokyo dans *On ne vit que deux fois*, 007, infiltré sous le nom d'emprunt de Fisher, rend visite à Osato dans son entreprise. Il soupçonne le directeur de cette industrie chimique japonaise d'être en réalité membre d'une organisation criminelle. Au moment où James Bond patiente dans le bureau du PDG, un collaborateur s'affaire dans la pièce voisine sur une machine robotique. À côté de celle-ci, un petit écran permet d'observer les faits et gestes du héros. Le complice d'Osato et le spectateur-témoin vont, tous les deux, surveiller 007 sur cet écran de contrôle relié à une caméra de sécurité. Cette vidéo panoptique épie James Bond, qui lui-même dévisage et défie la caméra. Effet étrange d'un aller-retour, ou d'une double observation simultanée. La caméra n'est pas à sens unique. Elle opère dans deux directions en même temps. Elle fonctionne dans les deux sens : vous regardez l'écran, l'écran vous regarde. Dans cette scène, 007 est filmé. Mais l'est-il à son insu ?

Repérer la caméra-espion, dont la fonction est d'observer sans être vue, n'est-ce pas le signe qu'aucun mouchard ou objectif caché, aucune puce électronique ou caméra ne peut détecter James Bond sans que lui-même ne s'en aperçoive ? Lorsqu'il se tourne vers l'objectif qui l'observe, James Bond nous regarde et nous scrute. Qui est ce « nous » ? Qui regarde-t-il ? Son œil défie à la fois le dispositif panoptique, l'agent ennemi qui observe, la caméra qui filme, le système cinématographique qui construit la narration et le spectateur qui, tant témoin que voyeur, en profite. Autrement dit, en multipliant les niveaux d'observation, on assiste, via le détour freudien, au passage du cinémascope au cinémascopique.

En passant l'image-action au crible du détail, la réflexion philoscopique analyse l'énigme de la texture visuelle et offre une nouvelle dialectique du regard. Par une observation minutieuse des modulations infinitésimales du récit, le *philoscope* se glisse dans les jointures de la fiction d'espionnage.

Que peut alors une théorie philoscopique de l'image-action ? Éviter la généralisation mais s'attacher, au contraire, à la présence infime d'un objet et au mouvement intime d'un geste. Les éléments du corps ou du décor suspendent un instant l'action et mettent à nu la chair secrète des signes. Tel est le regard philoscopique.

Philoscopiquement vôtre

Au-delà de la structure globale du sens construit par le mécanisme narratif du film, la philoscopie repère les jeux d'ombre et de lumière qui, dans leurs nuances inventives, proposent une autre maïeutique du visible : ce n'est pas seulement le spectateur-témoin qui regarde le film, mais le film qui le regarde, le scrute et l'épingle du coin de l'œil, à l'instar de James Bond lui-même qui observateur professionnel, se sait observé et le fait savoir à la caméra.

On trouve dans *Bons baisers de Russie* un instrument d'observation insolite qui illustre à merveille l'opération philoscopique.

Après une traversée en barque dans les eaux souterraines d'Istanbul, 007 et Ali Kerim Bay, chef du bureau Turquie du MI6, se rendent en-dessous du consulat de l'URSS. À l'aide d'un périscope de sous-marin, ingénieusement installé au moment de l'évacuation des bureaux diplomatiques soviétiques par les Travaux publics de la ville, dans le tunnel partant de la citerne byzantine Yetebatan Saray Sarniçi, les deux hommes observent. Sans être vus, James Bond et son ami décryptent les discussions entre le général Vassili, directeur des renseignements, et Koslovski, chef de la sécurité.

Ils ne peuvent pas voir la scène dans sa totalité, mais, leur vision limitée, scrutent les détails que capture l'image. Un visage, un regard, un geste, la coupe d'un vêtement. Ils saisissent l'imprévu d'une situation, les ruptures dans la conversation, l'éclat d'un échange. Le consulat de l'URSS devient une salle de cinéma, et les deux héros les projectionnistes du film. Ils font du périscope l'outil d'une interrogation philoscopique. Le rétrécissement de l'image fait loupe, et l'accessoire devient l'indispensable.

Grâce au périscope, la réflexion est autant optique et visuelle que théorique et intellectuelle. Notre outil de décryptage de la saga 007 scanne l'élément anodin dans le film et met en œuvre, au cœur du spectacle, le viseur, celui-là même qui inaugure toute scène d'ouverture et fixe James Bond dans son échange de tirs avec le spectateur- témoin. C'est la célèbre scène du *gun barrel* : la caméra est placée dans le canon du revolver, et 007 se trouve au centre. Il marche de profil, puis soudant s'arrête, se retourne vers nous et, d'un seul coup, tire sur son adversaire.

La philoscopie analyse les rapports de force et les luttes politiques qui structurent la saga à partir du postulat suivant : chaque personnage à l'écran, devant la caméra, est un tireur professionnel autant qu'un spectateur-témoin qui cerne sa cible sous un angle délimité. Violente, chaotique, l'image-action est anticipée ou accompagnée par un processus de fixation et de détermination d'une cible.

Toute cible suppose un chasseur et une proie. Mais qui a ce rôle ? Les personnages de fiction sont tour à tour viseurs et visés. Plusieurs jeux d'observation sont même simultanés, comme dans *Rien que pour vos yeux*. Sur la piste de ski, à Cortina d'Ampezzo, station italienne de sport d'hiver des Dolomites, on assiste à une compétition de biathlon. Lorsque le champion de RDA, Erich Kriegler, tire à la carabine pendant l'épreuve sportive, on distingue derrière lui, au fond du sommet enneigé, un tueur aux lunettes octogonales, Émile Léopold Locque. Ce dernier observe le compétiteur est-allemand avec des jumelles. Puis, après le zoom sur Locque, la caméra se place directement au centre de la quatrième cible de l'épreuve de tir. La balle du fusil d'Erich Kriegler, compétiteur sportif et tueur à gages, percute et fait exploser la cible. Mais sur qui a-t-il tiré ? Une nouvelle fois, le spectateur-témoin est visé. Et non James Bond qui, assistant à la scène en compagnie de la patineuse olympique Bibi Dahl, regarde l'exploit sportif puis applaudit au carton de tir comme à un jeu de fête foraine. Mais ce jeu est de courte durée. Le héros ne reste pas longtemps dans l'expectative : James Bond est la prochaine cible de Kriegler.

Pourquoi les représentations sont-elles bousculées, dans un film d'espionnage qui utilise la cible comme cadre de l'image-action ? L'éthique *filmoscopique* établit une synchronisation entre l'angle de vue de l'image et la perception du réel, une correspondance entre le cadre visuel et l'engagement physique dans le monde. La délimitation esthétique du plan devient, le temps d'un film, espace de vérité et déploiement du secret. Par son mouvement l'image-action établit le lieu fictif du réel.

Dans *Goldfinger*, la réunion de gangsters au ranch d'Auric Goldfinger dans le Kentucky se déroule devant la maquette de Fort Knox reconstitué. En miniature sont reproduits tous les détails des bâtiments ultra-militarisés de la plus grande réserve d'or des États-Unis, dont les coffres renferment quinze milliards de dollars. Pendant le briefing de Goldfinger, et l'exposition sous forme de conférence de son projet criminel, cartes et images à l'appui, le spectateur distingue les yeux de James Bond, qui apparaissent à travers les tiges de la maquette. Sous le plancher, coincé entre de minuscules barreaux, 007 est réduit à ses globes oculaires.

Le voici, tel un autre Gulliver, devenu un homme rétréci ou diminué. Cette condition humaine de miniaturisation lui permet d'observer clandestinement la scène au cours de laquelle Goldfinger expose l'opération « Grand Chelem » préparée pendant quinze ans de sa vie par le malfrat.

Le pouvoir panoptique de la caméra

Dans les films de la saga 007, la découverte du monde – l'observation du réel – s'appuie sur une concentration des faisceaux de perception qui conditionne le déroulé des images. En optique on nomme cela un « spectre ». Au-delà de sa dénomination scientifique, ce terme physique, le prisme visuel d'un rayonnement lumineux, renvoie à deux autres significations. D'une part, il évoque aussi bien un phénomène ectoplasmique et fantomatique flottant, un revenant furtif qui hante et un esprit sans corps qui fait retour, objet d'une analyse spectrographique ; d'autre part, ce terme désigne une organisation criminelle particulièrement dangereuse, particulièrement efficace, nommée « Spectre », à laquelle James Bond est régulièrement confronté.

L'usage de l'artifice est la condition du regard. Pas de vision révélatrice sans artefact. N'est-ce pas là le pouvoir panoptique de la caméra, tel que Michel Foucault le montre à propos de la société disciplinaire ? Et « cette surveillance prend appui sur un système d'enregistrement permanent », écrit le philosophe dans *Surveiller et punir*, en 1975. » Combien d'écrans sont ainsi mobilisés dans la saga 007 pour réaliser ce processus !

Lorsque, dans *On ne vit que deux fois*, James Bond se retrouve sur le toboggan métallique qui le fait directement atterrir sur le fauteuil du bureau de Tigre Tanaka, le chef des services secrets japonais s'amuse d'une capture aussi facile. Les deux hommes, qui sympathisent alors aussitôt, visionnent ensemble, rétrospectivement, le déroulement de la séquence précédente, pour autant que des écrans vidéo ont enregistré les déplacements du héros dans les couloirs du métro. Comment mieux afficher, par écrans interposés, cette idée que l'image est sans cesse contrôlée, visionnée, enregistrée ?

Mais, au-delà des paradigmes du contrôle et de la surveillance, le regard peut aussi repérer, dans la concentration d'une saisie, un élément anodin ou mineur. Chaque détail en diamant pur apparaît alors dans ce resserrement : la cicatrice de Bond au bas du dos, l'épaule veloutée de Solitaire, les deux pieds nus d'Honey Rider sur le sable, la bague au doigt d'un joueur tirant une carte lors d'une partie de baccara. C'est le pli de l'image qui fait la qualité du film, comme le souligne Robert Bresson dans ses *Notes sur le cinématographe* : « Un soupir, un silence, un mot, une phrase, un vacarme, une main. »

La philoscopie accompagne la discrétion d'un événement minime, et rend manifeste ce qui est non pas dissimulé complétement, mais expulsé par le cœur de l'image aux marges de la vision. Par une opération de déjointement et de disjonction, la lecture du film laisse advenir ce qui constitue « le sous-vu » de l'image, comme on parle ailleurs de « sous-entendu », de ce qui, trop vite, trop souvent, est passé sous silence.

N'est-ce pas là que réside la qualité première du héros ? Être fin observateur permet à James Bond de déjouer l'apparence. Aviez-vous repéré, dans l'ouverture de *Opération Tonnerre*, que, sous les habits noirs de la veuve, se cache le colonel Jacques Bouvard ? Observé par Bond du haut du balcon, lors de la cérémonie funéraire dans l'église, l'assassin de deux de ses collègues du MI6 porte le deuil de son propre enterrement, déguisé en femme à la tenue sombre. La supercherie n'échappe pas à l'agent secret.

Aucun secret ne semble pouvoir rester caché à cet œil exercé. Son sens de la captation permet à Bond d'être simultanément acteur et observateur, spectateur et metteur en scène, regardant et regardé. Rien ne lui échappe : décidément, James Bond est le penseur de la philoscopie.

Vol au musée : Julius No a fait le coup

Capturé avec Honey Rider dans l'île mystérieuse caribéenne de Crab Key, au large de la Jamaïque, 007 observe les fonds marins à travers une glace convexe de 25 mm qui fait loupe. Le verre épais de l'aquarium met face-à-face l'agent-espion et les poissons qui le regardent avec curiosité. Cette mise en abyme est une mise en abysse. Comme il y a des poissons-clowns, James Bond n'est-il pas lui-même un poisson-espion nageant dans le vaste aquarium du film ?

Architecte de sa propre forteresse dont il a conçu les plans, le docteur No expose à ses prisonniers le raffinement de son salon, sanctuaire sous-marin. Mais James Bond le provoque : « Des sardines déguisées en baleines, comme vous dans votre île. » À quoi No répond : « Tout dépend du côté de la loupe où l'on se trouve. » Dernière réflexion fort à propos, qui marque les échanges de l'observé-observant.

Quelques instants plus tard, invités à suivre leur geôlier, 007 et Honey Rider gravissent les marches pour se rendre à la table de la salle à manger, afin de dîner avec leur hôte sanguinaire. Stoppé dans son élan, le héros s'arrête un moment devant les marches. Il observe une peinture, qui, exposée à l'écran, fixe étrangement le spectateur.

Quelle est cette peinture, qui pique la curiosité de l'agent secret et la nôtre, au moment crucial où le docteur No va révéler son plan à ses prisonniers ? Il s'agit d'une copie du portrait du duc de Wellington, un tableau peint par Goya en 1813. Appartenant à la National Gallery de Londres, l'œuvre picturale sera précisément dérobée en 1961, pendant le tournage du film. Le vol du portrait fait la Une des journaux londoniens.

Clin d'œil à l'actualité, le tableau de Goya sera finalement retrouvé en 1965, à la consigne de la gare de Birmingham, après l'envoi d'une lettre anonyme à la police accompagnée d'un bulletin de consigne annonçant le lieu et l'endroit pour retrouver le tableau volé. Aussitôt venus sur place selon ces indications, les enquêteurs de Scotland Yard découvriront le tableau, enveloppé dans un paquet recouvert d'un tissu d'emballage.

Le docteur No aurait-il été le commanditaire de ce vol, et le film *James Bond contre Docteur No*, tourné en 1962, narguait-il déjà la police, en lui donnant un précieux indice, devant la caméra ? Toujours est-il que ce détail, spéculaire pour l'œil philoscopique et spectaculaire pour l'œil médiatique, s'invite sur l'île jamaïcaine, et détourne un instant le regard du héros et du spectateur vers une autre actualité policière.

Telle est l'invitation – le défi – qui nous est faite à percer le mystère, de sorte qu'il nous incombe de révéler maintenant, à travers notre enquête philoscopique, les cinq secrets de James Bond. Qui est vraiment 007 ?

Philoscopie de l'agent-espion

À travers l'angle d'un viseur, aussi précis et détaillé que possible, le regard philoscopique permet de rompre avec l'évidence et de dépasser les apparences, en ciblant et dévoilant cinq secrets sur James Bond.

Le premier mystère concerne les liens entre les exploits de l'espion et la géopolitique. Comment la saga 007 anticipe-t-elle les contextes et situations de la guerre froide et de l'après guerre froide ? Comment évolue le personnage, face à la situation internationale imminente, toile de fond de l'espionnage, depuis le conflit entre les blocs Est et Ouest, jusqu'à la tension en Europe provoquée par le *Brexit* de la Grande-Bretagne ? Mêlées de près à l'affrontement entre l'URSS et les États-Unis, les aventures de James Bond ne sont pas un simple produit de l'affrontement entre les grandes puissances, mais y jouent un véritable rôle. À leur façon, non seulement les films annoncent à l'écran les événements qui vont advenir dans la réalité, mais ils opèrent aussi un décentrement et une dépolarisation des enjeux géopolitiques. Comment la fiction incarne-t-elle et déplace-t-elle l'ordre politique mondial ? D'une part, James

Bond favorise le rapprochement, l'entente et la coopération entre les forces de l'alliance Atlantique et celles du pacte de Varsovie, d'autre part, très tôt dans la saga, 007 a la certitude que les ennemis sont ailleurs. Les enjeux du monde de l'après 11 septembre ne sont pas loin. En avance sur les bouleversements qui ont lieu sur la planète, l'agent secret affronte des ennemis aux nouveaux visages : la cyberguerre, les *fake news*, les banquiers criminels, les écoterroristes au service de multinationales ou d'entreprises pharmaceutiques.

Le deuxième secret concerne l'identité à la fois cosmopolite et britannique de James Bond. S'il reconnaît son attachement fidèle à la couronne d'Angleterre et sa ferveur à servir la Reine, l'espion 007 n'est-il pas aussi un citoyen du monde, au-delà des frontières et de tout territoire ? Mêlant une hybridité multiple aux symboles classiques du sujet britannique, les films de la saga questionnent les notions de frontière, d'appartenance et d'identité postnationale en rupture avec une stricte vision territoriale, liée à son engagement sincère envers le MI6. La subjectivité citoyenne du héros est ouverte à différents microclimats linguistiques, sensible à de multiples cultures et manifeste une plasticité dans la circulation des représentations. Est-ce une forme de postmodernité, incarnée alors par l'individu déterritorialisé, face à une vision plus classique du sujet ?

Le troisième secret interroge le film amoureux dans le film d'espionnage, à travers les relations de séduction entre hommes et femmes dans la saga de 007. Tour à tour hédoniste, dandy, romantique ou passionné, James Bond est-il réduit à la seule incarnation de la virilité masculine ordinaire ? Est-il seulement un être de plaisir, de jouissance et de succès facile auprès des femmes ? Si l'on regarde autrement les films de James Bond, davantage à travers l'esthétique du mélodrame romantique ou de la comédie amoureuse hollywoodienne, on observe alors le libre jeu du marivaudage, du libertinage, du badinage et de la séduction galante. Malgré sa masculinité très affirmée et sa misogynie, James Bond vit des expériences amoureuses, traverse des crises existentielles, interroge son idéal féminin. Dans ses multiples tentatives de séduction, ne peut-on pas y lire un espoir permanent du mariage à venir ? S'y dégagent une conception originale du couple et une authentique vision du féminisme, en lien avec les mouvements #MeToo et Time's Up. Se retournant sur lui-même, l'agent 007 perturbe le paradigme masculin et incarne même une distance critique vis-à-vis de l'homme conventionnel. Comment le héros, au service d'une cause noble et du bien commun, gère-t-il sa vulnérabilité physique et émotionnelle ? De plus, des indices invitent à envisager sa possible bisexualité.

La quatrième énigme renvoie à la place du corps du héros dans l'image cinématographique. Quelles sont les étapes de la métamorphose corporelle de Bond, dont la fonction principale en tant qu'agent secret est l'exploit physique ou l'action musclée ? De l'apparence réelle à la plasticité imaginaire, 007 engage une présence de deux ordres, à la fois concrète et immédiate, mais aussi rêvée et fantasmée. Bond appartient simultanément à deux mondes, d'une part l'univers de l'espionnage, d'autre part le monde de l'image. Cette double appartenance met en doute l'unité de son être physique et corporel. Hanté par la mort et la résurrection, 007 est un être fantomatique. Il est devenu une figure surréelle, spectrale et ectoplasmique. Le héros repousse les limites métaphysiques de la séparation entre la vie et la mort. Quel survivant est-il ?

Le cinquième et dernier secret conduit à détecter l'ensemble des référents culturels qui fondent le style du héros et déterminent l'univers de ses aventures. D'une part, les goûts singuliers de Bond, à travers ses préférences musicales, gastronomiques ou vestimentaires. D'autre part, l'ensemble des marquages culturels qui traversent les films, et qui associent la culture classique aux valeurs contemporaines, allant de Chopin aux Beatles ou aux Beach Boys. À y regarder de près, on distingue dans les films un art de la citation et du collage, de François de La Rochefoucauld à Charles Spencer Chaplin, Steven Spielberg et Stanley Kubrick, ou encore à travers les clins d'œil ou allusions aux films *Lawrence d'Arabie* de David Lean ou *Casablanca* de Michael Curtiz. Dès lors, les films de la saga Bond sont-ils révélateurs d'un univers de l'espionnage classique, ou composent-ils davantage un monde pop au style pulp ?

La lecture philoscopique tente de dévoiler cinq secrets au cœur des aventures d'un des plus célèbres héros de la culture cinématographique. Pour y parvenir, seul le détail d'une cible-caméra, aussi précise que possible, peut révéler l'inattendu sous le prévisible, l'incroyable sous le crédible, le surprenant sous le vraisemblable.

À l'aide du viseur philoscopique, qui permet de regarder avec un œil neuf les vingt-cinq films de la saga James Bond, de 1962 à 2020, c'est toute la série qu'il s'agit de prendre en compte. Et cette « série » s'entend comme les vingt-six cathédrales du peintre Monet : pas seulement une accumulation de films singuliers, mais des effets d'échos, de renvois, une logique secrète de l'engendrement qui dessine sous la fresque tapageuse un paysage insoupçonné.

1. Par-delà Est et Ouest : *Game save the Queen*

« Holly Goodhead :
J'ai horreur qu'on m'espionne M. Bond !
James Bond :
Personne n'aime ça, non ? »
Moonraker

Comment la géopolitique contemporaine est-elle anticipée et annoncée par les films de la saga 007 ? De l'après-guerre des années cinquante jusqu'à la crise du *Brexit*, de la guerre froide à la question européenne, de la chute des empires coloniaux aux violences terroristes, chaque film de James Bond constitue un paradigme esthétique pour penser le monde qui lui est immédiat et pour accompagner les bouleversements de son époque. Mais si la série des James Bond illustre les événements contemporains, peut-elle aussi les influencer et les transformer ? De quelle politique annonciatrice « James Bond » est-il le nom ?

Grande-Bretagne, année zéro

Icône pop et glamour, le personnage de James Bond est créé par Ian Fleming en 1953.

Un an plus tôt, profitant d'une belle matinée ensoleillée dans sa demeure jamaïcaine en bord de mer, Ian Fleming se met à sa table de travail, devant sa machine à écrire portative de marque Imperial. Un café chaud d'une main et, déjà, son porte-cigarette prêt à être allumé de l'autre. Assis dans un fauteuil en bois, avec, devant lui, quelques gravures équestres au mur. Sa maison, construite selon ses propres plans et nommée « Goldeneye », est entourée d'un domaine fleuri où pousse en abondance du mimosa. Formé dans les meilleures écoles de l'Angleterre, Ian Fleming fut successivement journaliste, agent de change et directeur de cabinet à l'Amirauté britannique, où il servit de coordinateur d'infiltration et d'agent de liaison. Maintenant, il profite de son temps libre pour écrire, comme le fait déjà son frère Peter.

D'un naturel imaginatif et observateur, Ian Fleming aime parcourir sa bibliothèque personnelle. Ce jour-là, comme tant d'autres matins, il feuillette quelques ouvrages pour y puiser de nouvelles sources d'inspiration. Il ouvre un premier livre, une nouvelle de Rudyard Kipling, écrite en 1897, dans laquelle les personnages sont des locomotives à vapeur. Le titre de cette nouvelle, du nom du matricule d'une des machines ferroviaires, l'intrigue fortement : *007*. Plus loin dans les rayonnages, Fleming prend plaisir à découvrir les planches illustrées de *Birds of the West Indies*, un volume ornithologique consacré à plusieurs centaines d'espèces d'oiseaux vivant dans la mer des Caraïbes. Le nom du zoologiste auteur de cet ouvrage animalier lui plaît. Il se nomme « James Bond ». Il n'en faut alors pas plus pour déclencher son esprit créatif : Ian Fleming se plonge dans l'écriture d'une œuvre épique et populaire.

En douze romans et neuf nouvelles, Ian Fleming révolutionne la littérature d'espionnage. La première aventure de son héros, qui devient rapidement un phénomène littéraire, *Casino Royale*, paraît en librairie peu de temps après, en 1953.

1953 est aussi l'année du couronnement de la jeune reine Élisabeth II à l'âge de vingt-cinq ans. Cet événement, rendu planétaire par la télévision, inaugure une nouvelle époque de la monarchie britannique autant qu'une nouvelle ère médiatique. Par des moyens techniques sophistiqués et une prouesse technologique, la cérémonie a une portée mondiale : un procédé inédit, mis en place par la BBC, permet à près de soixante-dix caméras de retransmettre le couronnement en direct sur les télévisions du monde entier.

La première réalisation en mondovision a un retentissement exceptionnel et permet à vingt-sept millions d'Anglais et deux cent quatre-vingt millions de téléspectateurs d'assister à la célébration, comme une manifestation de la splendeur et de la gloire royales.

C'est ainsi que se tisse, la même année, un lien indéfectible entre James Bond et la Reine, qui, tous deux, incarnent le renouveau rayonnant de la Grande-Bretagne. Cette renaissance surgit comme une soudaine lumière, après les années de sacrifice et de deuil lors des heures sombres de la Seconde Guerre mondiale.

D'un point de vue plus intime, une relation profonde de proximité unit James et Élisabeth qui partagent la même longévité, depuis cette époque puis tout au long des films qui suivront, jusqu'à la nôtre.

Ainsi, lorsqu'il traverse un épisode difficile de son métier d'espion, au moment de sa démission rapide et brutale du MI6, alors qu'il vient d'en dicter la lettre à Miss Moneypenny, dans *Au service secret de Sa Majesté*, en 1969, James Bond n'a qu'une pensée et cette pensée est pour la Reine.

Pendant toute la scène, James Bond est seul, silencieux, en proie au doute et à la mélancolie. Affairé à ranger ses tiroirs et à vider son bureau, il est plongé dans le souvenir de ses missions passées, et ressort les accessoires symboliques de ses précédentes actions. Il retrouve le couteau de Quarrel, la montre-câble d'étranglement ou le mini-respirateur étanche. Songeant soudain que ce sont peut-être ses derniers faits d'armes, Bond sort un flacon d'alcool, le porte à ses lèvres et se tourne vers le tableau représentant Élisabeth II, alors jeune reine en tenue d'apparat. À l'écran, l'image de la souveraine se superpose à celle de James Bond, créant ainsi une complicité et l'échange d'un dialogue. Levant son flacon en signe d'hommage, il s'adresse à la reine et lui présente ces mots d'adieu : « Pardon Madame, mille regrets. »

Cette scène de 1969 au ton mélodramatique renouvelle l'attachement de 007 à la Reine.

Mais revenons un peu en arrière. Neuf ans après sa création littéraire, l'agent secret au service de Sa Majesté naît une seconde fois, en l'occurrence sur pellicule. En 1962, James Bond fait son apparition sur l'écran cinématographique. La première mondiale de *James Bond contre Docteur No* a lieu à Londres le 5 octobre. L'aventure filmique commence.

Après la première naissance, en 1953, qui scelle la fidélité de 007 à la Reine, la seconde naissance, en 1962, s'accompagne d'un bouleversement stratégique mondial. Un coup de théâtre géopolitique plonge la fiction de James Bond au cœur de la réalité internationale.

À cette époque, au moment de la sortie du film, une opération militaire secrète d'envergure se déroule, déclenchée quatre jours plus tôt dans le plus grand secret. Sous le nom de code d'opération « Kama », le Kremlin ordonne l'envoi de sept sous-marins soviétiques, armés de torpilles et de lanceurs de missile nucléaire, en direction de Cuba. Le navire américain *Yerkon*, rattaché aux activités militaires du transport maritime, qui détecte cette activité anormale, repère le déplacement de l'un des sous-marins d'attaque et transmet son signalement à la base et aux forces de commandement de l'US Navy.

Washington passe en état d'alerte.

Quelques jours plus tard, pendant que les premières aventures visuelles de 007 remportent un franc succès populaire au cinéma, des photographies aériennes sont prises par un avion-espion U2 américain. Les images confirment la crainte du Pentagone : les soviétiques installent une base de lancement de fusées à tête nucléaire sur l'île de Cuba, à portée immédiate de la Floride, en direction de Miami et de grandes métropoles américaines. Ces révélations mettent le feu aux poudres.

James Bond contre Docteur No raconte que, par crainte du *toppling* de leurs missiles – destruction par télescopage ou détournement par brouillage radar –, les services secrets américains confient à leurs homologues britanniques la mission de protéger le décollage des fusées depuis Cap Canaveral. Comme pour éviter que la même chose n'arrive dans la réalité, le président John Fitzgerald Kennedy organise, lui aussi, une cellule de crise à la Maison-Blanche.

Le personnage de James Bond naît au cinéma pendant que le monde tremble et retient son souffle. Alors que 007 enquête sur les expériences inquiétantes de Docteur No en matière de radioactivité, et découvre son projet de folie destructrice, le risque de guerre nucléaire à l'échelle planétaire est imminent en 1962 entre les deux superpuissances. Pour le secrétaire général du Parti communiste de l'Union soviétique, Nikita Khrouchtchev, les Américains sont responsables de l'aggravation de la tension de la guerre froide. Les manœuvres de l'URSS dans la mer des Caraïbes ne font que répliquer à la menace déployée contre elle en Europe, où les États-Unis installent quinze fusées *Jupiter* en Turquie et trente en Italie, toutes tournées en direction de la Russie et de ses alliés.

Du côté de la Maison-Blanche, les discussions sont vives au sein du Conseil de sécurité nationale. Favorables à l'intervention militaire pour répondre à la provocation des Russes, Robert McNamara, le secrétaire de la Défense, et Curtis LeMay, le chef d'état-major de l'US Air Force, tentent tous deux de convaincre Kennedy de frapper fort. Mais le président des États-Unis n'est pas partisan de la riposte et préfère la négociation et le dialogue avec le Politburo. Il faut trouver un terrain d'entente et éviter l'escalade des menaces nucléaires.

Du côté de la réalité comme du côté de la fiction, c'est la même urgence : le temps presse. Le compte-à-rebours est lancé. Les missions ne peuvent réussir qu'à condition de ne pas dépasser le chronomètre et d'opérer avec efficacité dans un temps réduit. Chaque agent secret le sait. C'est une question de tempo. Le temps joue contre soi.

En 1962, sous la couverture de l'entreprise Universal Exports, société commerciale d'import-export dont le siège se trouve à Londres, James Bond rencontre rapidement Pleydelle-Smith, le premier secrétaire du gouverneur de Jamaïque. Son enquête sur la disparition du contact local du MI6 à Kingston, le commandant John Strangways, conduit Bond à explorer les petites îles au large : Fine Island, Morgan's Reef et Crab Key. Pressé par l'urgence de l'enjeu, 007 reçoit un compteur Geiger, arrivé de Londres par la valise diplomatique, afin d'inspecter les échantillons de pierres provenant de mines de bauxite et de pyrite et recueillis par Strangways. La presse locale, par l'intermédiaire d'une journaliste qui travaille en freelance pour le *Daily Gleaner,* tente d'en savoir plus auprès de l'agent secret. La pression monte du côté du MI6 et du ministère de la Défense pour découvrir l'origine de la radioactivité. Même impératif de résultat en 1962 pour la réaction politique internationale des Occidentaux : après les sous-marins, ce sont des navires soviétiques qui sont en route vers Cuba, pour livrer le matériel destiné à l'installation des bases de missiles.

La tension monte d'un cran lorsqu'un avion de surveillance américain est abattu au-dessus de la mer des Caraïbes. La troisième guerre mondiale est prête à éclater. La Havane est également sur le pied de guerre, après l'échec contre ses dirigeants de la tentative de débarquement organisée par la CIA, en 1961, dans la baie des Cochons. Avec l'appui des Américains, les opposants cubains au Lider Máximo Fidel Castro ont tenté, en vain, de débarquer sur l'île afin de renverser le régime politique. Cuba a alors choisi son camp, anti-impérialiste et contre les dirigeants états-uniens. Pour régler le conflit de la crise des missiles, Kennedy doit alors prendre une décision : il impose l'embargo à Cuba, espérant, par ce blocus, empêcher les navires russes d'accoster sur l'île.

Pendant qu'aux yeux du monde se joue cette partie périlleuse entre Washington, La Havane et Moscou, que fait Londres ? Où sont passées la diplomatie britannique et son influence géopolitique au coeur des relations internationales ?

Depuis la démission de Winston Churchill en 1955, silence radio. La réponse londonienne vient du succès immédiat des aventures de James Bond. Devenu rapidement un héros populaire, 007 incarne le sursaut de réaction qui contrebalance le déclin progressif de la puissance britannique.

En décembre 1962, quelques semaines après la sortie du film, la conférence des Bahamas montre la volonté américaine d'hégémonie et de contrôle monopolistique du nucléaire occidental. Lors des négociations, l'administration Kennedy y obtient du Premier ministre britannique, Harold Macmillan, l'abandon du projet de missiles balistiques *Skybolt* et son remplacement par des fusées *Polaris*, fournies et fabriquées par les Américains. La conclusion des accords de Nassau est sans appel : vulnérable et affaiblie, la force militaire britannique perd son autonomie nucléaire et se place sous l'autorité du haut commandement de l'OTAN.

Face à ce risque d'atlantisation, la Grande-Bretagne tente de faire face sur la scène européenne. Elle entend bien redorer l'image de sa puissance, notamment par la modernisation de sa flotte aéronautique, même si cela concerne le domaine uniquement civil, et non militaire. Le 29 novembre 1962, les gouvernements français et britanniques signent un accord à Londres pour la réalisation commune d'un avion de transport civil supersonique, baptisé « Concorde ». Le traité franco-anglais est un événement historique, le plus important de l'aéronautique européenne, à la fois sur le plan des progrès techniques engagés et sur celui de la coopération renforcée entre pays voisins.

Mais c'est loin d'être encore suffisant sur le plan politique. Car, après l'affront humiliant des accords de Nassau, la Grande-Bretagne subit un nouveau coup dur, dans le cadre de sa politique de souveraineté étrangère. Les liens particuliers au sein du Commonwealth – constitué au début des années soixante de vingt-neuf États indépendants, six pays associés et trente territoires annexés – sont bouleversés. La Grande-Bretagne voit basculer sa position dans le monde. Intérêts nationaux et implications politiques sont à nouveau en jeu. Que se passe-t-il ? En 1962, derechef, fiction et réalité se répondent en miroir.

D'un côté, *James Bond contre Docteur No* a pour scène d'ouverture un problème de connexion téléphonique et radiophonique interrompu entre la fréquence W6N Jamaïque (émise depuis la « Letter Box » dans la résidence privée du commandant Strangways à Kingston) et celle de G7W Londres (onde de communication depuis le contrôle radio des bureaux du MI6 en Angleterre). De l'autre côté, les relations au sein de l'empire de Sa Majesté se disloquent également : la Jamaïque, colonie britannique depuis 1670, gagne son indépendance en août 1962, de même les îles Caïman, Turks et Caïcos, les États de l'Ouganda et de Trinité-et-Tobago.

Londres tente pourtant de maintenir un semblant d'unité parmi les pays du Commonwealth avec la création en 1958 de la fédération des Antilles britanniques. Mais, en 1962, c'est la dissolution de la British West Indies Federation, qui réunissait, depuis 1958, la Jamaïque, Trinité-et-Tobago, Dominique, Sainte-Lucie, Antigua-et-Barbuda, La Barbade,

Saint-Cristophe-et-Niévès, Saint-Vincent, Grenade et les Grenadines, Montserrat.

La Jamaïque fait sécession, qui est justement l'île où Ian Fleming a élu résidence pour écrire ses romans, le lieu où il a installé sa luxueuse villa. Cette vaste maison, avec son jardin tropical face à l'océan baptisée « Goldeneye », a reçu en 1956, en pleine crise de Suez, le Premier ministre Anthony Eden et son épouse, la comtesse Clarissa Churchill, nièce de Winston Churchill. Mais, en 1962, les Caraïbes ne répondent plus. Problème de communication, assurément.

La sécession frappe la Grande-Bretagne.

L'engagement de James Bond au service de l'Angleterre pendant la guerre froide est la meilleure réponse au doute et à la fragilité qui gagnent le cœur des Britanniques. Il est le seul à avoir la force de réagir, face au célèbre et sévère jugement du diplomate et ex-secrétaire d'État américain Dean Acheson : « La Grande-Bretagne a perdu un empire et n'a pas encore trouvé un rôle. » Cette phrase cruelle est prononcée le 5 décembre 1962, alors même que sur les écrans Bond donne un nouvel élan à l'Angleterre.

Meurtre dans un jardin anglais

Au début des années soixante, James Bond rehausse l'image de la politique outre-Manche. Son arrivée sur les écrans de cinéma offre à l'intrépide et bousculée Albion un soutien inattendu. Qu'en est-il quelque soixante ans plus tard, aujourd'hui, en 2020, pour la vingt-cinquième apparition de 007 ? Son rôle dans la saga filmique entre-t-il encore en résonance avec les événements de l'actualité ?

Si le monde a aujourd'hui changé, la tension internationale semble avoir repris de plus belle. La menace nucléaire n'a pas cessé : en octobre 2019, la Corée du Nord reconduit cette menace et annonce des essais de tir de missiles. Quelques jours plus tard, toujours en octobre 2019, les États-Unis vendent à l'Ukraine des lance-missiles antichars *Javelin*, afin de maintenir la pression sur la Russie, après une conversation entre le président Trump et son homologue ukrainien Zelensky.

Où est James Bond ? Après vingt-quatre films de bons et loyaux services, l'espion peut légitimement mériter une retraite, du moins une pause dans ses activités de défense de la planète. Il espère que l'Angleterre lui laisse un peu de répit et ne compte plus sur lui pour sauver, à lui seul, le monde libre.

C'est ce qu'annonce l'ouverture de *Mourir peut attendre*. Le titre original du vingt-cinquième film, *No Time to die*, devrait se traduire logiquement par « Pas le temps de mourir » – alors que « Pas un temps pour mourir » serait l'adaptation de *Not a time to die*. Au début du vingt-cinquième épisode de la saga, James Bond coule des jours paisibles en Jamaïque, où il s'est retiré, fatigué et usé par tant d'actions, avant qu'une nouvelle mission, en provenance de son ami et agent de la CIA Félix Leiter, rencontré cinquante-huit ans plus tôt sur les quais portuaires de Kingston, dans *James Bond contre Docteur No*, ne le rattrape.

James Bond fatigué ? Rappelons que, depuis les années 2000, 007 affronte de nouveaux adversaires, plus coriaces les uns que les autres. Ses ennemis sont multiples : magnat de la presse, terroristes liés à l'empire du pétrole ou de l'eau, militaire nord-coréen, banquier du terrorisme international, organisations secrètes, et aussi pirates informatiques qui propagent *fake news* et désinformations.

Si James Bond aspire à un peu de repos, c'est aussi que l'Angleterre est à nouveau très agitée. La Grande-Bretagne traverse une nouvelle tempête, cette fois-ci fort éloignée de la guerre froide, mais avec des risques tout aussi importants. Le 23 juin 2016, le Royaume-Uni vote un référendum en faveur du *Brexit* à 51,8%, avec 17,4 millions de scrutins en faveur d'un détachement net de l'Union Européenne.

Ce résultat politique est un coup de tonnerre mondial, une véritable commotion à l'échelle de l'Europe. Le *Brexit* déclenche une profonde crise politique internationale, qui pourrait faire éclater le bloc des vingt-sept pays membres de l'UE. En Angleterre, le Premier ministre David Cameron, organisateur du scrutin et favorable au maintien, donne aussitôt sa démission.

L'issue de la consultation paralyse le pays : l'économie nationale est bloquée, l'ensemble de la classe politique britannique se déchire, la presse s'étripe. Depuis l'entrée de la Grande-Bretagne dans l'Union Européenne le 1er janvier 1973, rien n'est jamais simple, comme le montre son refus d'adopter la monnaie unique en 1999. Mais, désormais, le pays semble perdre ses repères et sa stabilité. La substitution de la démocratie référendaire à la place de la démocratie parlementaire a des conséquences inattendues.

En mars 2017, le Parlement de Westminster adopte définitivement le projet de loi qui autorise l'activation légale du *Brexit*. La même année, la nouvelle « dame de fer » et Première ministre britannique, Theresa May, s'appuie sur l'article 50 du traité de Lisbonne, qui réglemente le départ d'un membre de l'Union. La locataire du *10, Downing Street* organise la procédure de sortie, afin de séparer le Royaume-Uni des vingt-sept autres États. Que signifie le *Brexit*, pour « Britain exit », aux yeux de ses partisans ? Est-ce le signe du retour à la pure souveraineté britannique, à une identité insulaire nationale retrouvée, ou encore la volonté de déréguler l'économie face aux directives de Bruxelles et de promouvoir davantage de fluidité libérale et commerciale ? Dans le contexte politique général qui accompagne la sortie de *Mourir peut attendre*, une nouvelle page se tourne pour l'Angleterre. Autre symbole : le prince Philip, mari de la reine Élisabeth II, prend officiellement sa retraite en août 2017, à 96 ans, lors de son dernier passage en revue de la parade des Royal Marines de Buckingham.

Face à l'agitation populaire qui secoue l'Angleterre, la reine Élisabeth II donne son accord officiel pour attendre et reporter le *Brexit* aussi loin que nécessaire.

Les signes de déstabilisation sont manifestes : clôture exceptionnelle de session parlementaire, suspension régulière du

Parlement britannique, démission fréquente de personnalités publiques, comme John Bercow, président de la Chambre des Communes, pétition et pression de la part des députés devant la menace de dissolution de l'Assemblée. Peut-on parler de chaos politique ? L'impact d'une « sortie sans accord » est perçu comme un danger politique majeur.

À l'origine de ce chaos, le Premier ministre Boris Johnson. Si le *Brexit* était le scénario d'un film-catastrophe, l'ex-journaliste, ancien maire de Londres et ministre des Affaires étrangères de 2016 à 2018 en serait le personnage diabolique principal. Mi-clone mi-clown de Donald Trump, il imite en tout point son modèle populiste américain. Contre les élites politiques de son pays, il s'autoproclame l'unique représentant du peuple britannique. Avec la perspective du *no deal*, Boris Johnson brandit la menace d'une sortie sans accord. Il s'attaque aussi avec violence aux institutions, souhaitant affaiblir les instances européennes, de la Cour suprême aux tribunaux de Bruxelles, qui veulent stopper sa frénésie.

Sa stratégie de provocation et de confrontation fait de Boris Johnson l'incarnation parfaite de la figure maléfique. Il serait l'adversaire tout désigné de 007 : Boris Johnson possède la cupidité et l'orgueil d'Auric Goldfinger, l'ambition effrénée de domination de Max Zorin, développe le sens de la manipulation et de la déstabilisation de Silva. Son obsession du pouvoir plonge le pays dans le doute : Royaume-désuni, démocratie fragilisée, société divisée. Avec notamment la hantise du retour d'une nouvelle frontière entre l'Irlande du

Nord, rattachée au Royaume-Uni, et la République d'Irlande, membre de l'Union Européenne.

Comme l'explique le journal londonien *The Guardian* : « Ce pays qui se targuait d'être stable, tolérant et modéré, avec une couronne qui symbolise des traditions affinées au fil des siècles, s'avère fragile et férocement divisé. » Le mépris des règles juridiques et constitutionnelles conduit Boris Johnson à détruire l'équilibre transitoire et à transformer le Royaume-Uni en un Singapour européen. Encourager le chacun-pour-soi, pratiquer le dumping social et fiscal, manipuler l'opinion : les méthodes politiques de Boris Johnson font écho aux projets de destruction et d'anéantissement mis en place par les figures du mal à l'ambition démesurée qu'affronte James Bond dans ses aventures, comme l'impitoyable Karl Stromberg ou le terrifiant Hugo Drax.

Dans son dialogue avec Truffaut, Hitchcock rappelle ce principe fondamental du cinéma : « Plus réussi est le méchant, plus réussi sera le film. Voilà la grande règle cardinale. » Si l'on suit ce conseil, Boris Johnson serait un méchant très réussi. Depuis son arrivée au pouvoir, règnent comme jamais l'instabilité et la fragilité outre-Manche. L'économie britannique est victime de nombreuses crises : pour la première fois dans son histoire, la compagnie aérienne British Airways subit une grève générale en septembre 2019, suivie de l'annulation de ses huit-cent-cinquante vols quotidiens, ce qui coûte quarante-quatre millions d'euros par jour à cette compagnie. Même situation catastrophique avec la faillite en septembre 2019 du plus vieux voyagiste du monde, l'agence britannique Thomas Cook, dont la maison-mère londonienne est en redressement judiciaire.

Face au chaos du *Brexit*, James Bond a un adversaire de taille en la personne de Boris Johnson. D'ailleurs, comme souvent entre adversaires les plus acharnés, les deux hommes ont un point commun : James Bond, dans la fiction, et Boris Johnson, dans la réalité, ont fait tous deux leurs études dans la même école, le collège d'Eton, près de Londres, un haut lieu de l'éducation élitiste anglaise, fondé par le roi Henri VI. Mais celui des deux qui fut rapidement renvoyé de cette institution n'est pas forcément celui auquel on pense.

Le défi entre les deux hommes reste entier. À Londres, lors d'un congrès du parti conservateur, le leader politique Boris Johnson a fait le serment suivant : « Faire advenir le *Brexit* ou mourir. » Devant ce défi, l'agent James Bond lui répond directement, en signe d'avertissement, par le titre de son vingt-cinquième film : *Mourir peut attendre*. Soixante-quatorze ans après le discours de Winston Churchill à Zurich, en 1946, sur le projet des « États-Unis d'Europe », le divorce est prononcé ente le Royaume-Uni et l'Union européenne. Le 31 janvier 2020, l'Union Jack disparaît des vingt-huit drapeaux européens. Quarante-sept ans après leur entrée dans la CEE le premier janvier 1973, et près de quatre ans après le référendum du 23 juin 2016, le Royaume-Uni et ses soixante-six millions d'habitants peuvent entonner l'air pop des Beatles de 1967, « I say no and You say stop ». La chanson se conclut par « I don't know why you say good bye ».

La dolce morte

Tout au long de la guerre froide et de l'après guerre froide, jusqu'à notre époque avec ses adversaires les plus récents, James Bond incarne la défense du monde libre. 007 protège les valeurs de la démocratie et de la justice, face aux menaces d'anéantissement et de folie destructrice. Contre la violence, le terrorisme, la dictature et le totalitarisme, il défend l'ensemble des libertés individuelles : la culture occidentale, la liberté politique, la démocratie libérale et les droits de l'homme. Depuis des décennies, James Bond représente les valeurs du système de l'Ouest devant le danger du soviétisme de l'Est.

James Bond se bat pour la protection des libertés et affronte les plus terribles menaces qui pèsent sur la société moderne, humaniste et tolérante. Figure idéale de la britannicité et de l'anglicité, il est par excellence l'agent secret anglo-saxon et l'espion occidental, au service de la paix, de la culture et de la fraternité.

Allié des États-Unis et protecteur de l'Europe, le parcours de James Bond reflète cet engagement politique. Encore jeune homme, il intègre le Britannia Royal Naval College, puis le Special Boat Service. Il travaille ensuite pour le Defence Intelligence Staff, avant d'être recruté au MI6, le service secret extérieur britannique, rattaché au ministère des Renseignements et fondé en 1909. Appartenant au club privé londonien « Le Cercle des Ambassadeurs », Bond est également ment *commander* de la Navy et Chevalier de l'ordre militaire de Saint-Michel et Saint-Georges.

Membre de l'élite de l'espionnage, il possède le rang d'agent « 00 », ce qui lui laisse une grande autonomie dans ses diverses fonctions ainsi qu'une forte responsabilité de réussite : enquête, renseignement, diplomatie, résolution de disparition, recherche d'informations, prise de contact avec l'ennemi, affrontement contre le camp adverse, protection des populations civiles, libération des innocents, action d'envergure face à des prises d'otages ou intervention efficace contre des ennemis menaçants et dangereux. Les missions internationales de l'agent secret ont toujours pour objectif de protéger l'individu et la société. Intègre et respectueux de ces grands principes politiques, James Bond est fidèle à la tradition et soucieux de suivre le cadre général de ses instructions de mission. Il s'adapte aux circonstances, préférant se fier souvent davantage à sa sensibilité et à son instinct qu'aux ordres les plus stricts. Prêt à se sacrifier personnellement, l'espion se met en danger pour le bien commun. Il incarne l'héroïsme chevaleresque. Lorsque son chef de service lui demande de renoncer à son arme usuelle, Bond obéit. Il accepte de rendre son Beretta, et de le remplacer par le Walther PPK 7,65 mm, avec un silencieux Brausch, même si, et 007 le sait bien, son Beretta fut efficace en dix ans d'usage. Bond s'adapte. Par contre, dans une autre situation, après avoir assisté à un concert de musique à l'opéra de Bratislava, au moment où Saunders, chef de la section V à Vienne, donne l'ordre à Bond de tirer sur la violoncelliste armée Kara Milovy, 007 désobéit et la désarme, uniquement, en visant la crosse de son fusil.

Pour mener à bien les missions confiées aux services secrets britanniques, le rapprochement et la complicité géopolitiques font du MI6 et de la CIA, l'agence centrale de renseignement des États-Unis, des alliés naturels. James Bond est fréquemment secondé par son ami et complice, Félix Leiter, qui l'accompagne régulièrement, présent dès la première aventure, *James Bond contre Docteur No*, comme dans la vingt-cinquième, *Mourir peut attendre*. Cette relation amicale et professionnelle montre l'agent de la CIA comme un personnage sympathique, mais moins perspicace et efficace que l'espion du MI6 : lors d'une mission commune près du port de Kingston, dans *James Bond contre Docteur No*, la différence est flagrante. Veste sur l'épaule, avec un air de décontraction évidente, Félix Leiter s'avance vers son ami James Bond sur le quai portuaire et lui demande « Vous avez perdu quelque chose ? », alors qu'au même moment 007 fait des relevés radioactifs en bord de mer sur un bateau avec l'équipement et le matériel adéquats. Dans une autre mission, enquêtant ensemble dans *Goldfinger*, l'attitude de Leiter illustre la société de consommation américaine. Pendant que James Bond poursuit la mission à l'intérieur du ranch de Goldfinger dans le Kentucky, Félix Leiter l'observe de l'extérieur, grâce à un *homer* : 007 cache un émetteur radio dans le talon de sa chaussure, permettant à la CIA de suivre ses déplacements en captant la direction du signal grâce à un récepteur placé dans la voiture de Leiter. Mais ce dernier, tout en observant les signaux émis sur son tableau de bord, passe aussi son temps à déguster un sandwich au poulet au *Colonel*

Sanders' recipe ou au *Joe's drive-in Restaurant*. Et lorsque l'agent et son second s'approchent du ranch avec des jumelles pour savoir où est Bond, les deux hommes de la CIA se font rapidement repérer par Goldfinger, qui les prend pour des turfistes indiscrets et maladroits.

De manière générale, au-delà du cas de Félix Leiter, les agents américains n'ont pas toujours la rapidité et la justesse d'analyse de leurs homologues britanniques. Dans *On ne vit que deux fois*, lorsqu'un astronef non identifié s'empare dans l'espace de la navette américaine *Jupiter-16*, a lieu une réunion diplomatique internationale au sommet pour faire face à la crise. Inquiets de cette menace, les États-Unis accusent le gouvernement soviétique qui garantit en réponse sa volonté de paix. Devant la tension grandissante entre les deux pays autour de la table des négociations, la Grande-Bretagne s'interpose : « Dans quel but nos amis russes attaqueraient-ils un astronef des USA ? » Le diplomate britannique poursuit son analyse : si la Grande-Bretagne ne croit pas que la navette pirate soit russe, grâce à ses services de contre-espionnage, elle tient déjà une autre piste. Sa base de Singapour a identifié l'engin inconnu, repéré en train de se poser quelque part dans la mer du Japon. Et lorsqu'à son tour une fusée soviétique disparaît en plein lancement, provoquant la panique des navigateurs au sol, l'astronef qui l'a capturée étant indétectable à cause du brouillage radar, les Américains du Pentagone commettent à nouveau une erreur d'analyse : « Oubliez le Japon, nous avons passé le pays au peigne fin, l'hypothèse d'une base clandestine au Japon ne tient pas debout. » Les experts américains pensent que la fusée inconnue, qui a dérobé la navette soviétique, est forcément redescendue en URSS. De son côté, la Grande-Bretagne a poursuivi ses investigations et possède une longueur d'avance sur son allié américain.

Mais fidèle à son partenariat outre-Atlantique, dans le cadre d'une configuration générale de l'alliance du monde libre, Bond s'associe avec d'autres figures de la politique d'espionnage américaine. Parmi les agents des États-Unis, il fait équipe avec Holly Goodhead dans *Moonraker*. Espionne d'élite de la CIA et spécialiste de l'ingénierie spatiale, elle est rattachée à la NASA et travaille pour l'administration de la recherche spatiale. Goodhead possède l'équipement standard de la CIA et utilise d'efficaces gadgets de défense, comme le stylo au cyanure ou l'agenda muni de fléchettes. Lors d'une enquête à Venise, pour retrouver la navette *Moonraker*, disparue en plein vol et transportée par un avion Boeing 747, Bond propose à Goodhead de travailler ensemble : « C'est le moment de s'associer », lui dit-il, « Détente ? Entente ? Coopération ? Confiance ? »

Ce projet d'association entre services secrets, pour lutter ensemble contre un adversaire commun, James Bond le propose aussi à Pola Ivanova, espionne membre du KGB. Bond rencontre l'agent soviétique à Londres, lorsqu'elle fait une tournée occidentale avec la troupe de ballet du Bolchoï. 007 la retrouve lors d'une mission à San Francisco dans *Dangereusement vôtre* : « Pourquoi croyez-vous que je vous ai envoyé trois douzaines de roses rouges ? », demande Bond à Ivanova, au moment de choisir d'écouter une musique de Tchaïkovski, pour sceller leurs retrouvailles. La Russe lui répond : « La détente peut être magnifique. »

La complicité géopolitique et amicale entre Londres et Moscou est fréquente, renforcée lors de missions qui favorisent la coopération stratégique, comme dans *L'espion qui m'aimait* : dans le même temps disparaissent le sous-marin soviétique *Potemkine* et le sous-marin britannique *Ranger*, en possession à son bord de seize missiles nucléaires Polaris. Le Premier Lord de l'Amirauté, l'amiral Hargreaves, commandant en chef de la Royal Navy, et Frédérick Gray, le ministre de la Défense, convoquent 007. Au Kremlin, dans son bureau aux grands rideaux rouges, où l'on distingue un portrait de Lénine, le camarade général Alexis Gogol, chef du KGB, appelle l'agent Triple X. Lorsque les stratégies défensives occidentales et russes sont menacées, il faut faire front commun.

Le *commander* James Bond du MI6 et le major Anya Amasova du KGB s'associent contre les projets de Karl Stromberg, richissime capitaliste occidental. L'homme d'affaires possède le *Liparus*, le plus grand tanker ou navire-citerne au monde. Grâce à un système sophistiqué de détection des sous-marins, son pétrolier a pu s'emparer des submersibles britanniques et soviétiques. Dans quel but ? « Le chantage ne m'intéresse pas, je veux changer le cours de l'Histoire en créant un monde sous-marin nouveau. », annonce Stromberg devant la reproduction murale de *La naissance de Vénus* de

Botticelli dans sa cité sous-marine l'Atlantis, construite pour voir hors du temps et de l'espace les fonds de l'océan à travers les hublots, comme les passagers du *Nautilus* du Capitaine Nemo. Si ce personnage de Jules Verne est en quête d'un autre monde, Stromberg, lui, en souhaite la destruction : « La civilisation actuelle s'autodétruira, je ne fais qu'accélérer le processus. Observez mes instruments de l'apocalypse ! » Pour le stopper, Bond et Amasova coopèrent ensemble.

Au moment de leur première rencontre, au bar du Mujaba Club du Caire, ils savent déjà tout l'un de l'autre : Bond choisit un cocktail Bacardi avec glaçons pour l'agent Triple X, tandis qu'Amasova demande au barman un vodka Martini mélangé au shaker et non à la cuillère pour 007. Puis, afin de prendre contact avec l'ennemi, Bond et Amasova forment un couple de biologistes océanographes, les Sterling, qui profitent ensemble de la location d'un cottage insulaire et d'une promenade en calèche le long de la Méditerranée. À un autre moment, Bond et Amasova sont convoqués à un briefing commun, en présence de Q, de son vrai nom le commandant Boothroyd, spécialiste des gadgets et de la technologie moderne, et du Général Gogol du KGB, muté plus tard dans *Tuer n'est pas jouer* aux Affaires étrangères et remplacé alors par le général Leonid Pushkin au même poste. Gogol et Pushkin évoquent immédiatement Alexandre Pouchkine et Nicolas Gogol, immenses poètes et romanciers, russes d'ailleurs et non pas soviétiques. Lors de cette réunion anglo-soviétique, 007 et Triple X s'opposent sur l'emplacement exact du laboratoire de recherche sous-marin :

près de quelle île Stromberg a-t-il installé sa base secrète ? la Corse pour l'un, la Sardaigne pour l'autre. Cette joute verbale d'espions – à qui aura le dernier mot – fait dire à Gogol, tout sourire, que les deux agents secrets sont faits pour coopérer et travailler ensemble.

Tel est, en effet, le secret géopolitique des aventures de 007 : au cœur du récit narratif classique des services secrets, James Bond fait figure d'exception en matière d'espionnage. Il est le seul agent secret national capable, en pleine guerre froide, de laisser ses intérêts stratégiques de côté, la protection occidentale et anti-soviétique, pour s'opposer à un ennemi global et commun menaçant de détruire l'ensemble des populations civiles. Mais que signifie ce singulier rapprochement entre James Bond et l'URSS ? Serait-il une sorte d'agent double au service du Kremlin ?

Outsider sans frontière

De ce point de vue, 007 assume le rôle d'outsider. Sa singularité le situe au-delà des enjeux de la guerre froide : il transcende les limites du conflit politique, dépasse l'opposition classique entre Moscou et Washington, rend même obsolètes et inutiles les idéologies de l'Est comme de l'Ouest.

Entre éthique de l'héroïsme et principe de loyauté, James Bond développe une action sociétale transfrontalière de l'espionnage. Son imaginaire politique renouvelle les pactes et les stratagèmes. Son talent intuitif au service d'une cause démocratique et humaniste, sans intérêts particuliers ou nationaux, donne à son action une influence mondiale et une dimension internationale.

Incarnant une plasticité diplomatique et une déterritorialisation stratégique, Bond défend les citoyens de chaque identité nationale, face à des ennemis superpuissants décidés à détruire la société et le patrimoine, l'économie et la culture, l'histoire et la vie humaine.

La force de la saga James Bond est de ne pas réduire l'adversaire de 007 aux seuls ennemis traditionnels du monde libre que représentent, après la Seconde Guerre mondiale, les services secrets soviétiques ou russes : Tcheka, Guépéou, NKVD, KGB, SMERSH (dont le mot d'ordre est *smiert spionom*, « mort aux espions ») ou FSB.

Contre le dualisme manichéen ou dichotomique politique binaire, Kremlin contre Pentagone, la Grande-Bretagne à elle seule met en mouvement une dialectique de rupture et de continuité, face à des adversaires dangereux dont l'ambition postnationale et postpolitique est de mettre en danger la planète entière.

Les ennemis véritables de 007 ne sont pas directement les soviétiques, mais des dissidents de l'URSS, des militaires fanatiques ou despotes cruels faisant l'apologie de la violence et de la haine. Ainsi du général Orlov dans *Octopussy*. Lors d'une réunion en 1982 à Moscou sur le désarmement mutuel avec l'OTAN, deux voix s'opposent : celle de Brejnev et celle du général Orlov. D'une part, Leonid Brejnev, le secrétaire général du Parti communiste de l'Union soviétique, s'appuie sur le rapport du général Gogol, qui souhaite une stabilité, une ouverture et un dialogue avec l'OTAN, annonçant le réformisme de Mikhaïl Gorbatchev, défenseur de la *glasn*ost (« liberté de transparence ») et de la *pérestroïka* (« reconstruction »). Dans *Octopussy*, Brejnev déclare : « La conversion du monde au socialisme sera pacifique. Notre rôle militaire est strictement défensif. » À l'inverse, face à lui, le général Orlov déploie sur un écran géant, grâce au numérique et à l'ordinateur Kutuzov, une simulation virtuelle d'attaque de l'Europe occidentale par les forces du pacte de Varsovie. Symbole de l'offensive militaire et du déploiement armé de l'État, il se propose de commander trente-et-une divisions blindées en Allemagne de l'Est, cinq en Tchécoslovaquie et soixante en bordure occidentale de l'URSS. Le Politburo s'y oppose fermement.

Lors de cette nouvelle mission de collaboration, le MI6 et le KGB vont travailler conjointement. D'une part, James Bond et ses alliés, Vijay d'Universal Exports à New Dehli et Octopussy, fille du commandant Dexter Smythe, et d'autre part, le général Gogol et les soldats est-allemands. Ensemble, ils vont tenter de stopper le général Orlov, associé au prince sanguinaire Kamal Kahn : le projet de ces derniers est de faire exploser une bombe nucléaire sur la base américaine de Feldstadt, en Allemagne de l'Ouest, à l'occasion d'une représentation du cirque d'Octopussy. La fin de la mission se termine sur une nouvelle amitié anglo-soviétique : pour entretenir de bonnes relations internationales le gouvernement britannique s'engage à remettre à l'URSS l'Étoile des Romanov. Volé par le traître Orlov, ce saphir légendaire est d'une valeur inestimable pour le patrimoine culturel russe.

Le KGB devient un allié récurrent de 007. Dès 1962, au moment de la construction du mur de Berlin et de la séparation du monde en deux camps, James Bond, lui, anticipe déjà le changement radical à venir en novembre 1989, la chute du Mur, puis l'effondrement du pouvoir soviétique d'août 1991. C'est que l'ennemi principal et véritable de James Bond n'est pas le camp adverse de celui auquel appartient la Grande-Bretagne, mais l'ennemi de tous les peuples : le complotisme international et le terrorisme mondial. Cet adversaire a plusieurs visages. Dans *Casino Royale* et *Quantum of Solace*, Quantum est une organisation criminelle internationale, infiltrée dans de nombreux pays occidentaux, qui fait du profit en déstabilisant les démocraties et en soutenant les extrémismes et les dictatures. Une autre organisation criminelle porte le nom de « Spectre ». Face à ce syndicat international du crime organisé, qui donne son nom au vingt-quatrième film de la saga en 2015 sobrement intitulé *Spectre*, la portée de l'action de l'agent secret britannique 007 prend une ampleur et une dimension métaphysiques.

L'affrontement entre Bond et l'organisation Spectre est un combat entre le bien et le mal, à l'image de la scène de pré-générique ou d'ouverture de *Spectre* dans laquelle Bond est plongé au cœur du Jour des morts à Mexico. Alliance de la fête et du meurtre, association de la légèreté et de la gravité, de la vie et de la mort. Si Bond a déjà enquêté à Mexico, dans *Permis de tuer*, *Spectre* le plonge dans une foule aux costumes magnifiques, en pleine célébration, typique des tableaux de l'artiste mexicain José Guadalupe Posada, auteur de *La Catrina* et autres représentations de la mort. *Spectre* montre ici le duel entre la mort et la vie, duel relayé par les costumes, la danse et la musique.

L'organisation Spectre fait son apparition dans la saga en 1962. Face à Julius No, James Bond apprend la vraie nature de son adversaire. « Vous travaillez donc pour l'Est ? », lui demande 007. « L'Est et l'Ouest se valent par leur sottise », répond Docteur No. À cet instant, Bond apprend le nom de son ennemi, avec une expression mêlée de fureur et d'angoisse. « J'appartiens au Spectre », poursuit Docteur No développant l'acronyme, « Société Privée d'États Combinant Terrorisme, Revanche et Extorsion. Des cerveaux criminels et intelligents. » L'ancien trésorier d'une société secrète chinoise explique alors avoir mis son savoir scientifique, en matière nucléaire et en expertise de radioactivité, au service d'une organisation criminelle que Bond affronte régulièrement au nom des valeurs humaines communes de solidarité, de justice et de liberté.

Pour venger la mort de Docteur No, le champion d'échec tchécoslovaque Tov Kronsteen, numéro 5 du Spectre, et l'ancienne cheffe opérationnelle du Smersh, la colonelle Rosa

Klebb, numéro 3, préparent un nouveau complot international. Leur objectif premier est de s'emparer du décodeur Lektor, un ordinateur à puces de déchiffrement d'informations à carte perforée. Au-delà de la possession technologique, les vraies cibles du Spectre sont les Russes et les Anglais. L'objectif de l'organisation criminelle est de réactiver les tensions entre les deux pays, au cœur des Balkans.

Le Spectre est une organisation d'envergure mondiale, comme le montre *Opération Tonnerre*.

Certains agents, comme Émilio Largo, possèdent un signe de reconnaissance : une chevalière à l'effigie d'une pieuvre, animal-symbole qui agit seul (la tête de l'animal) ou en groupe (ses huit tentacules). Exploitant les peurs des gouvernements démocratiques, exacerbant les rivalités internationales, menaçant les populations civiles, cherchant à s'emparer des savoirs technologiques, économiques ou militaires, cette association de spécialistes en contre-espionnage, actes de violence, représailles et extorsions de fonds, a élu domicile à Paris. Dans un immeuble haussmannien, à quelques pas des Champs-Élysées. Lorsque le numéro 2 du Spectre se gare près du bâtiment, il est aussitôt salué par la police française. La couverture du Spectre est en effet idéale. L'organisation se cache derrière un organisme humanitaire et d'aide philanthropique, au cœur du Centre international d'assistance aux personnes déplacées. Derrière la bienveillance et l'accueil des premiers bureaux se cache une diabolique organisation. Une fois le rideau métallique refermé, la réunion commence par un compte-rendu des opérations en cours : extorsions, enlèvements, rackets, chantages ou pressions politiques, comme l'assassinat d'un physicien passé à l'Est qui rapporte trois millions de francs versés par le Quai d'Orsay. Chaque agent du Spectre fait le bilan de ses activités : vente de drogue chinoise aux États-Unis (numéro 11), vol du train postal (numéro 5), chantage sur l'agent double japonais Fujiwa (numéro 7). Puis la discussion s'interrompt. Le numéro 1 prend la parole. On ne voit pas son visage, on ne connaît pas son nom. Seule sa main caressant un chat blanc angora turc est perceptible, à travers la cloison qui le sépare du reste de l'assemblée. Sa voix est lente et posée : « Le Spectre est une fraternité dont la force réside dans l'intégrité. » Il désigne alors les agents numéros 9 et 11, accusant l'un des deux d'avoir trahi et escroqué le Spectre. « Je connais le coupable, il sera châtié. », dit-il, enclenchant au même instant un courant électrique mortel. Imperturbable à la scène qui vient de se passer sous ses yeux, le numéro 2 du Spectre expose alors calmement son plan.

Au sommet de l'organisation criminelle Spectre, qui sème la mort en utilisant les armes de destruction les plus diverses (virus bactériologique, vol de bombe atomique, détournement de navettes spatiales, déstabilisation géopolitique, crimes organisés), il y a Ernst Stavro Blofeld, le numéro 1, alias le comte Balthazar de Bleuchamp dans *Au service secret de Sa Majesté*, qui utilise la chirurgie esthétique et la transformation plastique pour changer de visage dans *Les diamants sont éternels*. C'est lui qui fait de Spectre la plus importante organisation criminelle. Dans ce même film, *Au service secret de Sa Majesté*, Bond rencontre Marc-Ange Draco, le chef de l'Union Corse. A la tête d'une organisation maffieuse, dont les activités sont dissimulées par des sociétés de façade (construction, matériel électrique, terrains agricoles), ce dernier se présente, avec fierté, comme le dirigeant du plus grand syndicat du crime international. 007 lui répond que « le Spectre reste le plus important de tous ».

Tous les projets criminels du numéro 1, dont la démesure dépasse l'opposition des nations, font de Bond le seul agent international à même de les contrecarrer, ce au service des citoyens de l'humanité. Tous, sauf un, le plus personnel et le plus cruel peut-être. C'est sur ordre de Blofeld, qui conduit la voiture d'où un tireur mitraille le couple, que l'épouse de James Bond meurt assassinée. Teresa Bond s'éteint dans les bras de son mari, sur la corniche d'une falaise ensoleillée, près de la mer : « Ce n'est rien, tout va bien, elle se repose. Nous allons repartir bientôt. », répond Bond au policier venu en motocyclette, alerté par les coups de feu. 007 prend alors la main de Teresa, avec sa bague de mariage au doigt : « Rien ne presse, nous avons l'éternité devant nous. » Puis Bond embrasse ses mains, ensuite son visage, derrière le voile de la mariée, qui les cache maintenant tous deux et les rapproche pour l'éternité. Un moment plus tard, un oiseau se pose auprès d'eux. Ce monologue final, sans doute le plus émouvant de toute la saga, scelle la mort et l'amour dans une même scène tragique et antique : James Bond pleure.

Ersnt Stavro Blofeld est bien le pire des criminels que l'agent britannique aura jamais eu à affronter.

Ainsi faut-il ici distinguer esthétique et politique. D'une part, dans l'œuvre de James Bond, l'esthétique visuelle et narrative évolue selon trois stades : le classicisme hitchcockien des années soixante incarné par *Bons baisers de Russie*, puis le style d'aventures des années quatre-vingt où cohabitent épique et fantaisie, comme *Moonraker*, après la tentative pop et psychédélique de *Au service secret de Sa Majesté*. Enfin, le retour au réalisme et symbolisme sombre de l'espionnage, à l'image de *Skyfall* en 2012 ou de *Spectre* en 2015.

D'autre part, si l'œuvre de James Bond est appréciée par les spectateurs du monde entier, cela est dû au fait que sa dimension politique, à l'écran, apaise l'équilibre stratégique et adoucit le véritable échiquier diplomatique, dans le réel. Entre fiction et réalité, deux faits politiques sont ici à mettre en résonance, afin d'en souligner le décalage : en février 1984, sous prétexte de défendre les intérêts des États-Unis, le président américain Roland Reagan appuie la CIA et engage une guerre secrète au Nicaragua, en parachutant des troupes militaires contre le gouvernement socialiste sandiniste, « germe du mal » selon Reagan. Ce terrible conflit fait de nombreuses victimes. Et le cinéma hollywoodien de cette période est imprégné du traumatisme de la guerre et de la violence des combats, comme l'illustre, en 1983, à propos d'une autre guerre, le film *Rambo, first blood*. De son côté, le cinéma de 007 réagit aussi, à sa façon, en cherchant l'apaisement. Quelques mois plus tard, en mai 1985, dans *Dangereusement vôtre*, James Bond reçoit la médaille de l'ordre de Lénine des mains du général Gogol devenu son ami au fil des missions de coopération. Le patron du KGB trinque à cette décoration avec le ministre de la Défense britannique et précise qu'elle est remise pour la première fois à un étranger.

James Bond l'a bien compris et l'explique aux dirigeants du monde entier : entre diplomates et gentlemen, il est préférable de régler ses différends politiques dans un casino, autour d'une table de jeu, que sur un champ de bataille, en pleine guerre. Comme le montre *Rien que pour vos yeux*, avec la scène de la course sur la piste olympique entre le skieur de la RDA, Erich Kriegler, et son adversaire de la RFA, Hans Wolf, la compétition entre grandes puissances n'est plus militaire – *hardpower* –, mais ludique et sportive – *softpower*. Par-delà Est et Ouest, *game save the Queen*. Tel est le secret politique de 007.

2. Entre britannicité et mondialité, la création du chaos-cinéma

« M. Bond, vous avez ce que
les Grecs appellent thrassos. *»*
Milos Colombo à 007,
Rien que pour vos yeux

Symbole de l'anglicité et incarnation de la britannitude, James Bond est le parfait agent au service de la Grande Albion, du nom du géant mythologique, fils de Poséidon et frère d'Atlas. Mais au-delà de son intégrité nationale, le héros des services d'espionnage n'est-il pas aussi un citoyen du monde, sensible aux effets hybrides de la mondialité et à la transformation plurielle des cultures ? Entre cosmopolitisme et multiculturalisme, les films de 007 constituent un laboratoire qui interroge la notion d'identité soumise à de multiples métamorphoses. James Bond serait-il un être pluriel ?

Voyage en Britannie

Personnification de l'intégrité et de la loyauté, James Bond est le symbole de l'engagement au service de la Couronne. Rien ne semble l'écarter du droit chemin : défendre son pays, protéger les intérêts de la reine, porter les couleurs de l'empire. L'agent secret 007 est la figure par excellence de la britannicité. Alors que la couverture officielle du MI6 est l'entreprise Universal Exports, dont le siège commercial est à Londres, Bond est le représentant idéal de cette société de vente et d'achat : en tant qu'agent secret, il exporte dans le monde entier les échantillons culturels de la Grande-Bretagne. Il est comme le produit qu'il doit vendre et en fait la promotion et la publicité à chacune de ses aventures.

Au cœur de l'action, Bond rappelle sans cesse l'anglicité qui le fonde. C'est elle qui commande ses missions et lui impose un impératif de succès. Échouer serait faillir à l'Angleterre.

Tous les ingrédients référentiels de la culture britannique sont ainsi réunis dans les films. Ils constituent les symboles du pays, au même titre que les services secrets. Sont présents la Banque d'Angleterre, les médias de la British Broadcasting Corporation (BBC), la cloche de Big Ben, la tour de l'horloge Elizabeth du Parlement, le fleuve de la Tamise, où a lieu une folle course-poursuite entre le bateau noir de Bond et le bateau blanc de son adversaire dans *Le monde ne suffit pas*. Les films montrent aussi de près le métro londonien, le pont de Westminster, la place de Trafalgar Square, le carrefour de Piccadilly Circus, les bus à impériale, les bobbies aux casques arrondis ou le British Museum, créé en 1753, qui se trouve au croisement de Bloomsbury, Covent Garden et Oxford Street. Il y a également les taxis londoniens, surnommés « black cab », comme celui conduit par un agent du MI6 à qui 007 fait signe dans *Octopussy* de prendre en filature le prince Kamal Khan jusqu'à l'aéroport Heathrow, après la vente aux enchères de l'œuf de Pâques impérial vert et or de Carl Fabergé, à Sotheby's, dans la bien nommée Bond Street. Cette rue renvoie au nom du baronnet Thomas Bond, un lointain ancêtre de James. Associant des magasins d'œuvres d'art, des boutiques d'antiquaires et des enseignes de haute couture, la rue londonienne de Bond Street, située dans le cœur historique de Mayfair, a attiré, tout au long des époques, de nombreux poètes et artistes, comme par exemple le graveur Gustave Doré. Dans la saga de 007, on trouve enfin les cabines téléphoniques rouges (« red telephone box ») caractéristiques de la capitale, appelées aussi « aquarium » – typique du mobilier urbain de Londres. Ce signe iconographique bien connu est installé dans les rues anglaises depuis 1921, à l'initiative du General Post Office.

D'autres éléments de la culture britannique font leur apparition, en dehors de la ville de Londres, comme le célèbre paquebot transatlantique britannique *Queen Elizabeth*, symbole du luxe et de l'Art déco, qui a coulé en 1972 dans le port Victoria de Hong Kong, et qui sert de cache secrète au QG du MI6 dans *L'homme au pistolet d'or*. L'épave du bateau reste inclinée dans la baie. Les planchers y sont penchés, mais utilisables, et le bateau permet aux espions britanniques une certaine tranquillité, hors de vue des services secrets américains et chinois. James Bond y retrouve M, Q, le lieutenant Hip et le professeur Frazier. Ils font le point ensemble sur le Sol-X, un appareil de photopile capable de convertir l'énergie solaire en radioélectricité. L'enquête sur Francisco Scaramanga se précise alors à bord du *Queen Elizabeth*.

Autant de scènes, objets, monuments et paysages qui valent signature.

En tant que sujet britannique, James Bond découvre sa lignée personnelle en apprenant davantage sur ses ascendants historiques. Au cinéma, sur l'écran, le spectateur partage ainsi la reconnaissance familiale et culturelle de 007. Lors d'une mission où il doit apprendre justement la science généalogique, afin de rendre crédible sa couverture, il est initié sur ses propres origines par un spécialiste réputé de l'Office héraldique. Sir Hilary Bray annonce à James Bond qu'il a retrouvé les armoiries chevaleresques de ses ancêtres. Les armes de Sir Thomas Bond, baronnet de Peckham mort en 1734, sont composées de trois besants d'argent au chevron de sable. La devise latine sur le blason de sa famille est *Orbis non sufficit*, « Le monde ne suffit pas. » En remontant plus loin dans la généalogie, James Bond est apparenté à Otho le Bon, qui reçut le fief de

Wickhambreaux du comte de Thanet, en 1387. La famille de Bond provient de la localité du comté du Kent.

Ce lien intime avec la campagne anglaise de la région du Kent, située au sud-est de Londres, entre la Manche et l'estuaire de la Tamise, renforce davantage encore l'attachement de Bond à la Couronne.

Dans diverses situations, James Bond montre un certain attrait pour le sentiment patriotique. Lors de scènes significatives, du point de vue philoscopique, il manifeste régulièrement cette fidélité. *Rule, Britannia !.*

De retour de Jamaïque au début de *Bons baisers de Russie*, Bond se rend au quartier général du MI6 en sifflotant. Il fait son entrée sur l'air de *For he's a jolly good fellow*, adaptation anglaise de la chanson populaire française *Malbrough s'en va-t-en guerre*. Cette mélodie du XVIIIe siècle évoque la bataille de Malplaquet de 1709 qui oppose les Français dirigés par le maréchal de Villars aux forces autrichiennes et néerlandaises commandées par le duc de Marlborough, John Churchill. Selon les variantes patriotiques de la chanson, chaque protagoniste du conflit interprète différemment l'issue de la bataille, remportée par la coalition anti-française, mais au prix d'un lourd sacrifice de vies humaines. Le duc de Marlborough, qui n'est que blessé pendant cette bataille, est annoncé pour mort dans la version française de la chanson. De bonne humeur à son arrivée au MI6, James Bond semble apprécier cet air musical patriotique. Il en respecte les codes et les valeurs.

Peu de temps après, à la fin de cette mission qui l'a conduit au cœur des Balkans, James Bond et la caporale Tatiana Romanova sont à Venise. Les deux agents se sont fait passer pour un couple marié, Caroline et David Somerset, couverture discrète pour effectuer leur voyage en train entre Sofia, Belgrade, Zagreb et Trieste. Regardant la bague qui a servi à leur fausse union, et qui n'est plus d'aucune utilité, l'espionne des services de sécurité du Smersh soviétique demande à l'agent britannique : « Puis-je garder la bague ? Cette alliance peut resservir. » Bond lui répond : « Ce qui appartient à l'État revient à l'État. » Bond ne dévie pas ici de son rôle politique. Son discours incarne la droiture administrative et la légalité juridique : il faut respecter l'investissement des services du gouvernement et l'intérêt national des finances publiques. La loi s'impose à chaque citoyen, semble suggérer Bond, qui rappelle, à sa façon, le mot d'ordre « Dieu et mon droit », la devise politique des armoiries royales du Royaume-Uni, écrite en français dans la version officielle.

Qu'il soit torturé ou séduit, aimant ou violent, soumis ou volontaire, James Bond sert son pays.

À la fois solitaire et solidaire, il met ses qualités individuelles au service du collectif national britannique. Affrontant, dans *Opération Tonnerre,* Fiona Volpe, la cheffe de la branche Exécution du Spectre, conductrice hors-pair, tireuse de pointe au ball-trap et femme fatale, Bond est capturé par celle-ci. Pour 007, il n'y a de relation possible de l'affrontement à la séduction, de la confrontation à l'association, de l'alliance au pacte, que dans le service rendu à la nation. Le désir personnel est exclu de l'ordre de la mission dont l'issue ne peut être qu'au bénéfice de l'Angleterre. « Je n'ai agi que pour servir mon pays. », lance-t-il alors, en défi à la redoutable alliée d'Émilio Largo.

Face à Helga Brandt, numéro 11 du Spectre, dans *On ne vit que deux fois,* il se fait passer pour un espion industriel spécialisé dans les procédés chimiques. Lors de son interrogatoire, Bond est une proie facile pour celle qui cherche à lui arracher des aveux par tous les moyens. Sans dévoiler sa véritable identité, Bond accepte de se laisser séduire. Face à son adversaire, il réplique alors : « Que ne ferais-je pour l'Angleterre ? »

Partout présente dans les épisodes de la série James Bond, l'Angleterre ne quitte pas l'espion lors de chacun de ses déplacements à travers la planète.

Dans *Les diamants sont éternels,* par exemple, tout le monde, CIA ou MI6, est à la recherche d'un petit boîtier de cassette, de l'Afrique du Sud à Amsterdam, de Las Vegas du Nevada à Baja en Californie. Sur ce boîtier, se trouve une image des grandes marches militaires (*World's Greatest Marches*). Cette bande codée permet à Ernst Stavro Blofeld, numéro 1 du Spectre, de contrôler le satellite-laser fait de diamant et lancé sur orbite pour menacer la sécurité civile internationale. L'image de la cassette représente un des symboles de l'Angleterre, puisqu'on y distingue nettement la garde britannique du palais de Buckingham en tenue d'apparat. Les gardes portent le costume patriotique traditionnel de la cérémonie des Windsor, en particulier le bonnet casqué à texture de couleur noire, orné d'un plumet. Bond a pour objectif de récupérer cette cassette, mais on peut penser qu'il le fait autant pour sauver le monde que pour préserver l'intégrité d'une image symbolique de la culture d'outre-Manche. C'est après cette image que tout le monde court dans le film.

Lors d'une mission dans les Alpes autrichiennes, près de Berngarten, en ouverture de *L'espion qui m'aimait*, Bond séjourne dans un chalet de montagne. Il y reçoit un message sous forme de bande magnétique sur sa montre connectée. Sur ce message, M lui demande de rentrer immédiatement au Quartier général. Obligé de quitter les montagnes suisses, Bond n'hésite pas à dire rapidement adieu à celle qui l'accompagne alors. « James, j'ai besoin de vous », lui dit-elle, pour retenir encore un instant son amant. 007 lui répond aussitôt, car il a déjà fait son choix : « L'Angleterre aussi. » À nouveau dans *L'espion qui m'aimait*, cette fois face à l'agent soviétique Anya Amasova, partenaire provisoire et alliée momentanée lors de cette mission, Bond lance la phrase suivante, significative de son engagement sincère et récurrent : « Je marque pour la Grande-Bretagne. »

Après un saut dans le vide, muni simplement d'un harnais et d'un grappin, au sommet d'un immense barrage, Bond s'infiltre dans une usine d'armement chimique à Arkhangelsk, dans le nord de la Russie, quatre ans après l'effondrement de l'URSS, en ouverture du film *GoldenEye*. 007 y retrouve 006. « Pour l'Angleterre, James ? », lui demande ce dernier. « Pour l'Angleterre, Alec ! », lui confirme avec détermination l'espion.

Non seulement Bond semble revendiquer l'ordre politique britannique, mais il en manifeste encore les signes : en plein cœur des missions, où sa vie dépend de sa discrétion, où la révélation de son identité britannique peut menacer à tout instant son existence, Bond n'hésite pas à sortir le drapeau, étendard de la victoire à venir.

Créé en 1606, après l'union des Couronnes, le drapeau de l'Union Jack réunit différents emblèmes et plusieurs couleurs en une seule figure : la croix de Saint-Georges de l'Angleterre, la croix de Saint-André de l'Écosse, puis, plus tard, l'Union Flag s'augmente de la croix de Saint-Patrick qui représente l'Irlande. Devant ses ennemis, James Bond mobilise le drapeau et sort l'Union Jack. En signe de défi ou de provocation ? Comme indice de triomphe ou de supériorité ? Mais, peut-être, est-ce tout simplement le désir de soutenir la nation en toute circonstance et de manifester, une fois de plus, son attachement à son pays.

Tel un supporter de football, ravi de soutenir l'équipe de son club national, Bond montre à diverses occasions les couleurs du drapeau britannique. La mission secrète est en réalité l'occasion de signifier son soutien national et de saluer le fanion du fan-club de son pays : laissant loin derrière lui les ennemis qui le poursuivent, le héros ouvre un large parachute aux couleurs de l'Union Jack lors d'un saut à ski au-dessus d'une falaise, dans *L'espion qui m'aimait*. Une autre fois, il déploie l'Union Flag du Royaume-Uni sur la toile d'une montgolfière, pour un voyage au-dessus de New Dehli, en vue d'attaquer le palais Monsoon de Kamal Khan dans *Octopussy*. Ailleurs, lorsqu'il ouvre la trappe d'un sous-marin déguisé en iceberg sur la banquise, la trappe porte les couleurs de l'Union Jack, dans *Dangereusement vôtre*.

Icône supranationale, James Bond accepte de jouer le rôle du porte-drapeau de la délégation anglaise.

Ici, le professionnel du renseignement et de l'infiltration refuse la dissimulation et rejette la discrétion. N'a-t-il pas besoin de techniques de couverture ou de camouflage pour préserver son identité ? Elles sont pourtant si essentielles pour la survie d'un agent secret. Clé de voûte du succès des missions, les fausses identités incarnent la possibilité de rester en vie au cœur même du camp adverse. Mais pas pour Bond. Hors-norme et loin du commun, il préfère risquer de mourir en assumant son statut *made in England* que de devoir masquer sa britannicité et son identité 100% *british*.

Le goût du sherry

En 1952, lorsqu'il commence l'écriture des premières aventures de son héros, Ian Fleming possède lui aussi tous les traits caractéristiques d'un parfait sujet de Sa Majesté. Winston Churchill est même un ami proche de la famille, depuis longtemps : le père de Ian Fleming meurt au combat à Ypres en mai 1917. Au moment de son décès, celui qui rédige son éloge funèbre dans le *Times* est Churchill lui-même.

Parmi ses activités professionnelles, Ian Fleming exerce plusieurs métiers, journaliste ou agent de change, mais travaille aussi au service des renseignements du Royaume-Uni. Simple assistant puis chef de cabinet, il collabore avec la direction des services secrets de l'Amirauté britannique. C'est dans ce cadre qu'on lui confie plusieurs missions délicates : Ian Fleming tente de monter deux opérations secrètes, *Enigma* dans l'Atlantique et *Goldeneye* en Afrique du Nord, restées à l'état de simple projet. Mais ces missions, même si elles n'ont pas été réalisées, n'en sont pas moins opérantes sur le plan de la fiction : pour créer son héros, Fleming s'inspire de ses contacts professionnels et de ses amitiés personnelles.

Pour savoir d'où vient le sens du patriotisme de James Bond, il suffit alors de s'intéresser aux agents secrets et amis proches de Fleming qui ont inspiré la création du héros.

Tout d'abord l'anti-communiste et agent double Sidney Reilly. Grâce à son talent et à son courage, cet espion accompli gagne la confiance de Winston Churchill et du Capitaine Mansfield Smith-Cumming, le fondateur du MI6. Les dirigeants britanniques considèrent Reilly comme un espion charismatique, audacieux et brillant lors de ses différentes missions. Ian Fleming a pu le rencontrer à diverses reprises.

Il y a également le canadien William Stephenson. Héros de l'aviation militaire, il est le fondateur de la British Security Coordination (BSC). À la demande de Winston Churchill, cette officine des services de renseignement britannique, chargée de missions sur le sol américain, réunit plus de trois cent agents dans le but d'intercepter et d'écouter divers messages codés. À la tête de cette équipe, William Stephenson est le maître espion de Churchill pendant la Seconde Guerre mondiale. Il a aussi tous les traits d'un véritable James Bond.

Il y a un autre agent secret qui a également inspiré à Ian Fleming les traits du personnage de James Bond, en la personne de Patrick Dalzel-Job. C'est un officier naval britannique et chef de commando des opérations sous-marines. Parfois indiscipliné et instinctif, comme 007, Dalzel-Job a un sens personnel de ce qu'il doit faire ou non. Il décide lui-même de faire évacuer, contre l'ordre de son commandement, la population civile du port de Narvik, en Norvège, quelques jours avant son bombardement par l'armée allemande. Patrick Dalzel-Job, ami intime de Ian Fleming, reçoit alors en remerciement de son action, certes illégale, la croix de Chevalier de l'ordre royal norvégien de Saint-Olaf des mains du roi de Norvège Haakon VII.

Parmi ces différentes figures réelles et authentiques de l'espionnage anglo-saxon, la plus proche de 007 est sans doute l'agent britannique du MI6, Wilfred Dunderdale. Membre de la Royal Navy et autre ami de Ian Fleming, Wilfred Dunderdale sert comme chef du bureau de Paris pour le Secret Intelligence Service dans les années trente. Fleming s'inspire de sa personnalité hors-norme et charismatique pour bâtir le style de 007.

Entouré de véritables agents secrets anglo-saxons, Ian Fleming ne manque pas de mettre en valeur les qualités de ses amis espions pour créer aussi les autres personnages, secondaires ou alliés, de sa saga : Fleming fréquente personnellement Allen Dulles, le directeur central du renseignement américain. On trouve une filiation directe entre réalité et fiction. Allen Dulles a tous les traits du personnage de Félix Leiter, agent de la CIA, allié récurrent et figure majeure des aventures du héros britannique. D'autres agents américains, comme William J. Donovan, le directeur de l'OSS, Office of Strategic Services (Bureau des services stratégiques aux États-Unis), que connaît Fleming, inspirent également le personnage de Leiter.

Pour trouver les traits caractéristiques de la figure autoritaire, tantôt paternelle tantôt maternelle, de M, qui incarne le chef de l'Intelligence Service, Fleming s'inspire directement de son propre supérieur, l'Amiral John Godfrey, autrement dit le directeur de la Naval Intelligence Division de Grande-Bretagne. Il reprend également des aspects de la personnalité de l'officier Maxwell Knight. D'abord recruté par l'agence Makgill, une société de renseignement privée, Maxwell Knight devient ensuite le chef de la section Infiltration du MI5 de 1931 à 1961, le Service secret intérieur britannique.

Si James Bond est le héros fictif d'aventures extraordinaires, son créateur Ian Fleming lui a donné les traits réalistes de véritables héros anglo-saxons, agents britanniques ou américains de la Seconde Guerre mondiale.

Au-delà des signes visuels de l'identité britannique, comme le drapeau de l'Union Jack, au-delà des personnages effectifs d'agents secrets au service de Sa Majesté qui l'ont inspiré, comme Wilfred Dunderdale, James Bond maîtrise à la perfection les codes de sa culture insulaire.

James Bond a les goûts, les traits, les gestes et les attitudes du parfait gentleman anglais.

Ainsi, une gorgée à peine en bouche, James Bond identifie sans difficultés un millésime viticole d'un alcool de dégustation fortement apprécié des Britanniques, le sherry, nom historique anglo-saxon du xérès, à qui l'on doit son actuelle appellation. C'est en compagnie de M et de Sir Donald Munger, dans *Les diamants sont éternels*, que 007 fait cette démonstration : en dégustant un verre de sherry, Bond reconnaît aussitôt l'année du procédé de vinification, 1851, ainsi que la méthode de fabrication dont cet alcool est issu, la solera.

Cet exemple philoscopique prouve combien Bond incarne à la perfection les codes du sujet britannique : symbole du raffinement et de la distinction, l'agent secret sublime les règles esthétiques du style londonien. Le vin britannique n'a pas de secret pour lui, et surtout celui qu'apprécient tout particulièrement les Anglais.

Bond a ses habitudes, et elles participent de la culture britannique de son temps. Dans son portefeuille, il possède aussi bien une carte de membre du club très privé « Le Cercle des Ambassadeurs » que d'un autre club, tout aussi privé mais davantage populaire, voire underground et clandestin, la carte du Casino Playboy. UK 40 401.

James Bond est fidèle aux us et coutumes que les Anglais apprécient. En tout premier lieu, il est attaché à la tradition du *five o'clock tea*, une habitude qui remonte à 1662, au moment du mariage entre le roi d'Angleterre Charles II et Catherine de Bragance. C'est un véritable rituel national, comme le rappelle d'ailleurs Hugo Drax à son invité lors de leur première courte entrevue, dans *Moonraker*. Alors qu'il a fait construire en Californie une résidence royale, dont chaque pierre vient de France, le cruel Hugo Drax s'adresse à James Bond, convié dans son palais, d'abord comme à un Britannique : « Vous arrivez au moment qui coïncide avec la contribution de votre pays à la civilisation occidentale, l'heure du thé. Un sandwich au concombre ? »

Déterminé par les codes culturels nationaux, James Bond suit les conventions à la lettre. Fixé dans son être par les habitudes traditionnelles, et figé dans son existence par le classicisme normatif, Bond fait du rituel une marque personnelle et reconnaissable.

Tout le monde connaît les habitudes de Bond, ses adversaires comme ses alliés. Lorsque le sanguinaire baron du cartel sud-américain de la drogue, Franz Sanchez, identifie James Bond dans *Permis de tuer*, il lui dit aussitôt : « Un agent britannique, je le savais. Vous avez de la classe. » À l'intérieur de son bar à Saint-Pétersbourg, dans *GoldenEye*, l'ancien agent du KGB Valentin Zukovsky fait un rapide portrait de 007 devant lui : « James Bond, l'agent secret aussi charmant que raffiné. » Le rival du cosaque Janus ajoute alors, dans un éclat de rire : « Au shaker, pas à la cuillère ? » Il s'agit d'une référence, connue de tous, à l'un des traits constants de la personnalité du héros, son goût du cocktail vodka Martini, « secoué, mais non agité ».

Le mélange personnel de James Bond respecte un dosage précis : trois mesures de vodka, une demi mesure de vermouth dry, un zeste de citron. Dans *Tuer n'est pas jouer*, par exemple, la violoncelliste Kara Milovy prépare le cocktail préféré de 007 dans la chambre de l'hôtel Île-de-France à Tanger. « Vous vous en êtes souvenue. », lui dit ému James Bond, au moment où elle lui tend son verre déjà préparé. « À nous ! », précise-t-il. « Na zdorovié ! », lui répond celle qui joue sur un instrument unique, le Lady Rose, un Stradivarius de Crémone, instrument fabriqué en tant que pièce rare en 1724. « Ai-je réussi votre cocktail ? », demande, inquiète, la petite amie du général Koskov. Mais James Bond a à peine le temps de lui répondre, car, étourdi, il se rend compte que son verre a été drogué avec de l'hydrate de chloral. Le cocktail de vodka Martini relève à ce point du rituel sacré qu'il en devient même ici une faiblesse, qui peut trahir ou mettre en danger le héros. Si quelqu'un lui tend avec sourire son cocktail préféré, pourquoi se méfierait-il ?

Fidèle à ses goûts, reconnaissable dans ses gestes, James Bond est un être d'habitude. Il reste constant dans ce qui caractérise sa singularité et fonde son authenticité. Le plaisir des rituels constitue l'identité de 007. Mais jusqu'à quel point ? Motif de cohérence et élément de stabilité, tels sont les ingrédients de son état psychologique et sociologique. La fidélité aux mœurs de l'éducation anglaise va de pair, chez lui, avec un caractère fondé sur la répétition de traits propres et identifiables entre tous.

Un invariant récurrent, parmi d'autres, une règle devenue un principe : l'humour britannique.

L'humour, le flegme et le détachement sont également des caractéristiques de l'esprit anglo-saxon. James Bond accompagne régulièrement sa distinction et son élégance d'un jeu d'esprit ou d'un trait d'humour. Flegmatisme et détachement sont des caractéristiques anglo-saxonnes que l'espion porte à chaque occasion. Appelé aussi *nonsense*, l'humour britannique est lié à l'absurdité, l'excentricité et la provocation. Il met en scène des personnages ou des situations pour les tourner ensuite en dérision.

James Bond possède ce goût sophistiqué du sarcasme. Dans *Goldfinger*, lorsqu'il entend pour la première fois prononcer le nom d'Auric Goldfinger dans la bouche de son ami Félix Leiter, Bond s'amuse : « C'est un vernis à ongles parisien ? » Ailleurs, dans *Opération Tonnerre*, Bond est convoqué pour travailler au dossier confidentiel *Thunderball* qui porte l'inscription top secrète « Not to be opened until officially authorised. » En pleine cellule de crise, Miss Moneypenny le prévient : « Dans la grande salle de réunion, ça chauffe, tous les 00 d'Europe sont là, avec le ministre de l'Intérieur. » Mais Bond garde son humour. Il préfère se moquer et ironise : « Sa femme a perdu leur chien ? » Parfois l'humour devient alors dénigrement et dérision politique. Sans manquer de vérité ou de sérieux dans son jugement, Bond ne peut voir l'agitation du monde qu'avec distance et dérision. Les arcanes de la politique internationale ne sont qu'un jeu dont il se moque. Dans *GoldenEye*, en 1995, Bond ironise devant M sur la prétendue liberté retrouvée des peuples. 007 mesure le cynisme de la Realpolitik et n'est pas illusionné sur le récent renversement démocratique des anciens régimes totalitaires. Il dit à M : « Les gouvernements changent, pas les mensonges. »

Raffiné et distingué, Bond manie aussi l'ironie et l'humour comme armes de poing et de défense. Il déploie les signes extérieurs de l'élite britannique – loyauté patriotique, goût du service –, et y ajoute son trait personnel et son décalage singulier : une forme de désobéissance, une confiance dans l'instinct, avec une pointe de sarcasme et un zeste de provocation. Insubordonné et insoumis en apparence, loyal et constant en profondeur, tel est l'anticonformisme de Bond érigé en règle de vie.

Bond a le respect britannique des conventions, comme en témoigne l'élégance de son costume pour arriver au bureau, mais il lance son chapeau à l'entrée d'Universal Exports Ldt, l'entreprise qui sert de couverture au MI6. Il signale son arrivée dans un mélange de décontraction provocante et de classicisme respectueux.

En tant qu'incarnation parfaite du sujet britannique, l'espion en est à la fois le modèle et la copie, le standard et la reproduction. Il incarne le *replay* répétitif. C'est pour cette raison que, parfois, au cœur de ses aventures, 007 semble presque démotivé ou légèrement nonchalant.

James Bond peut alors donner l'impression d'être traversé par la notion antique d'*akèdia*, qui signifie « manque d'intérêt ». Entre détachement et désinvolture, l'agent secret subit-il le complexe de répétition ? Voit-il son existence comme une inlassable routine et éternelle reprise des mêmes actions ? De mission en mission, le Sisyphe des espions affronte les mêmes péripéties, pour prouver la grandeur intacte de la Grande-Bretagne.

Face à ces situations identiques, il doit garder l'intégrité morale et l'obstination efficace. Fidèle à son identité immuable, ses goûts et ses inclinations sont stables. Pourtant ses aventures nous semblent si extraordinaires, alors pourquoi se lasserait-il ? Mais malgré le fait d'être les exacts opposés de la quotidienneté routinière et de la banalité ordinaire, les exploits de 007 fondent leur récit sur la répétition.

Alors, dans le rythme incessant d'actions spectaculaires, Bond pourrait-il être prisonnier de la solitude, vouloir fuir l'ennui et se sentir saisi de mélancolie ? Le trop-plein d'aventures peut-il au final devenir monotone, atone et machinique ? Parfois, le langage de l'espionnage devient vide, désincarné et usé, à mesure de son non- renouvellement. Touché par le spleen, James Bond en devient un héros quasi bovaryen.

La traversée des répétitions, dans le cadre de son activité professionnelle extraordinaire, produit chez 007 une certaine monotonie. La britannicité, comme quadrillage transparent et récurrent des codes culturels, est en partie responsable de la grisaille mélancolique de l'espion. L'anglicité, standard culturel normatif, fait entrer l'agent de Sa Majesté dans une sérialité vide. Défini par des signifiants codés, marqué par des critères esthétiques et narratifs internes, l'espion ressent alors le besoin de s'en débarrasser. Il est temps pour James Bond de se métamorphoser.

À bout de souffle

Corps usé et esprit fatigué, James Bond est à bout de souffle. Il a régulièrement besoin de repos, comme dans *Opération Tonnerre*, lorsque 007 est envoyé dans une clinique médicale de remise en forme, au sud de l'Angleterre, après son affrontement violent contre le numéro 6 du Spectre, le colonel Jacques Bouvard. Blessé à l'épaule dans *Le monde ne suffit pas*, de nouveau blessé dans *Skyfall*, désormais vulnérable, fragile et tourmenté, 007 vieillit. Il devient, peu à peu, victime de sa propre identité, qu'il porte comme un poids, et peut avoir des tendances à l'autodestruction. S'il se met à douter de ses capacités, c'est que sa perte de souffle est bien davantage qu'un simple accident physique : est-il usé par la répétition de ses missions, lassé de la ressemblance de ses exploits qui se succèdent indéfiniment, indistinctement ?

L'aventure du secret, qui conduit Bond à intervenir pour sauver le pays de la menace, devient une quête métaphysique sur le sens de l'existence, où sa propre identité est en jeu. L'interrogation sur soi produit un électrochoc ontologique.

Autrement dit, le modèle de britannicité, porté par 007 de manière constante et permanente, commence à marquer des signes de fissure et de fragmentation. L'identité de soi, celle d'un héros charismatique au service du monde libre, est en crise.

James Bond va rompre avec la permanence de son identité pour entrer dans la contingence du monde et subir les transformations du réel.

Dans un univers violent, précaire et instable, soumis à la destruction, menacé par des êtres sans scrupules, l'existence brute de Bond est aussi dominée par le vécu et portée par les aléas.

Le héros exprime la condition singulière de la solitude ; mené par un destin individuel, il remet sans cesse en jeu son action et sa liberté. Naufragé existentiel et social, James Bond ressemble aux héros de Joyce, de Faulkner ou de Sartre, désemparés et perdus.

Face aux idéalités pures, James Bond ne peut alors faire confiance qu'à son existence brute, son destin ici et maintenant. Rien d'autre ne compte que la situation présente, l'actualité du réel à un instant donné. Entouré d'un bestiaire politique et affrontant des ennemis sans visage, 007 voit un monde peuplé d'individus dénués de conscience. Tout son être est concentré dans cet état de présence, en connexion permanente avec ce qui l'entoure.

Personnage existentiel, l'agent secret est traversé par la contingence du réel. L'épreuve de l'existence conduit le héros à saisir le monde tel qu'il est – un monde en mouvement –, et à rompre avec la stabilité. Comment doit-il réagir ? Que faire face aux imprévus et aux bouleversements ? 007 doit se saisir comme individu en situation, soumis aux aléas du monde. Bond ne reste pas prisonnier de la stabilité, pleine et entière, de l'être. Au contraire, il entre dans le devenir de l'étant. Il se transforme, subit les bouleversements et les chocs, réagit aux phénomènes rencontrés. De sujet britannique figé dans son être, Bond entre dans le devenir du monde et participe alors à la métamorphose. Que se passe-t-il dans la conscience du personnage ? Pris dans le vertige de la liberté et dans l'authenticité de la solitude, le héros bondien se saisit comme manque dans le monde. Porté par le désir de se désengluer et par la responsabilité de s'assumer, il se dépasse pour se construire autrement.

Les trois métamorphoses

À la reproduction du même, au retour de l'identique et à la répétition mimétique, s'opposent ici le tremblement, l'hybridité et le métissage.

Comment l'espion réagit-il aux événements, aux circonstances ? Il s'adapte et se transforme. Porté par le mouvement du monde, ouvert au réel dans sa diversité et sa singularité, Bond ne reste jamais le même, il modifie son être au gré des situations. Ainsi en est-il dans *On ne vit que deux fois*, film de la métamorphose et de la transformation.

La fluidité du héros s'exprime dès la scène inaugurale : lorsque Bond part en mission pour Tokyo, Miss Moneypenny du MI6 lui tend un ouvrage de rudiment linguistique pour apprendre en peu de temps les bases de la langue japonaise, mais Bond décline. Il n'en a pas besoin, car, citoyen du monde, 007 est diplômé de langues orientales de l'université de Cambridge. Dans le même film, lorsqu'il rencontre Henderson, son premier contact sur place, ce dernier vit à Tokyo depuis vingt-huit ans et porte le kimono traditionnel japonais. Il explique à Bond que, malgré de nombreuses années à vivre dans le pays, il est très difficile d'assimiler la culture locale. Pourtant, Bond l'impressionne aussitôt en lui annonçant la température idéale pour boire du saké chaud *ginjo* ou *daïginjo*, à savoir quarante degrés ou *nurukan*. Surpris, Henderson félicite Bond pour cette expertise, très rare chez les occidentaux. Même réaction chez Tigre Tanaka, le chef des services secrets japonais, qui salue la connaissance de la culture nippone chez Bond : « Remarquable subtilité, pour un Européen. » Plus loin, Bond est même capable de citer par cœur un proverbe japonais : « Jamais l'oiseau ne fera son nid sur un arbre dénudé. »

Mais la véritable transformation a lieu un peu plus loin dans le film. Il s'agit des trois métamorphoses de Bond : devenir japonais, devenir ninja, devenir époux.

Pour infiltrer la petite île de Matsu, à mi-chemin de Kobe et de Shanghai, et enquêter à l'intérieur d'un mystérieux cratère volcanique au cœur de l'archipel aux quatre mille îles, Bond se métamorphose. De simple sujet britannique, il s'ouvre aux différentes formes d'altérité : la langue de l'autre, la culture de l'autre, les us et coutumes par-delà les frontières. Une hybridation de soi, sensible, décentrée et multiple. Bond diffère de lui-même, dans un geste d'arrachement et de dissémination. La *différance* se pense dans l'écart et se vit dans l'inachèvement. L'identité n'est pas donnée : elle est à venir, c'est une construction et un cheminement. Alors qu'il est un sujet britannique, Bond serait-il en train de devenir un citoyen postcolonial ?

La première métamorphose a lieu dans un palais japonais, entouré d'arbres et de fleurs, et offre à Bond une esthétisation du corps. Pour modifier son être, la duplicité et le dédoublement de soi passent par la modification des traits extérieurs et de l'apparence physique. 007 s'allonge sur une table dans une salle d'opération aux vitres étincelantes. On l'entoure et on lui rase les poils de la poitrine. Avant de revêtir un kimono doré, son corps, ses cheveux ou encore ses sourcils sont transformés. Comme un être en suspension, il devient momentanément Japonais et quitte son identité britannique. C'est une métamorphose physique et corporelle.

La deuxième métamorphose est athlétique et mentale. Pour améliorer ses réflexes et sa force de concentration, l'agent britannique suit l'entraînement des techniques de combat moderne des ninjas, soumis à d'intenses exercices par Tigre Tanaka. Pendant plusieurs journées, au sommet des montagnes nippones, en pleine nature, Bond abandonne la sophistication occidentale des gadgets de Q pour découvrir l'arsenal électronique et numérique des ninjas, associé aux armes de combat traditionnelles, comme le *sansatukan shureido*, le *shuriken* ou le *shaken*. C'est une métamorphose liée à la force de l'esprit et à la sagesse mentale. Le Japon offre à Bond l'alliance de la nature (la force physique du ninja, le corps brut) et de la technique (les innovations robotiques, la sophistication des gadgets).

Enfin, la troisième métamorphose de Bond est culturelle et sentimentale. En tenue traditionnelle, Bond se rend dans un temple où sont célébrés trois mariages simultanés. Le cérémonial est strict, ainsi que le protocole matrimonial. L'homme, d'un côté, s'avance vers le temple, où l'attend son épouse, qu'il découvre et rencontre à ce moment précis. Dans le cadre de ce cérémonial, Bond se marie alors avec Kissy Suzuki, agent des renseignements japonais qui opère comme plongeuse ama. Même si le mariage est une couverture secrète, il a lieu devant la famille de la mariée, entourée de ses proches et de ses amis, et en suivant les règles religieuses : lecture de la prière, chant, rituel de purification. À la fin de l'union, le mari et l'épouse tendent ensemble leurs mains pour boire de l'eau sacrée. C'est une métamorphose spirituelle et culturelle.

L'accomplissement des trois métamorphoses s'achève lorsque Bond devient ouvrier et pêcheur, pour rejoindre l'île où il s'installe avec son épouse. Transformé, il conduit une humble barque de pêcheurs, porte des vêtements simples, de couleur claire, un chapeau de paille et un foulard. Anonyme parmi les vendeurs de poissons, il s'installe sur l'île des pêcheurs, dans une modeste maison, auprès de son épouse bienveillante. Cette lune de miel qui suit le mariage est, bien entendu, une couverture de l'agent secret, car, au même moment, le danger se fait sentir et la crise internationale est proche : les États-Unis avertissent l'URSS du décollage imminent d'une fusée américaine qui, si elle est détournée, provoquerait une escalade de tensions entre les deux blocs. Pendant ce temps, si les ninjas de Tanaka explorent l'île sans succès, une jeune fille du port de pêcheurs découvre la grotte de Ryusaki, entourée d'un gaz mortel, le phosgène, qui éloigne les visiteurs. Bond et son épouse décident de traverser l'île à pied, pendant de longues heures de marche, pour atteindre ce point éloigné. L'espion, qui n'est plus tout à fait le même, atteint enfin le site d'un lac bouillonnant, près d'un cratère volcanique situé à l'écart de la zone insulaire.

Sensible à la désédimentation de soi, l'anglicité et la britannicité laissent place chez Bond à la *kominka* ou processus de japonisation. La saga des films de 007 permettrait-elle une rencontre des cultures ? Bond est-il cosmopolite, vecteur de développement des diversités ?

L'une des scènes les plus frappantes, lors de la dernière partie de *On ne vit que deux fois*, présente une situation qui dépasse la seule perspective nationale et explore un polyglottisme original et un décentrement linguistique. Cet épisode montre Bond dans une relation transhistorique et transgéographique au monde, comme si l'action ouvrait sur un univers décentré et bouleversé. La scène invite à une pensée de l'imprévisible et de l'inattendu, du tremblement et de la diffraction.

Sur l'île japonaise de Kyushu, la luxueuse salle de contrôle de la base secrète est ornée de tableaux de la peinture de grands maîtres, surtout néerlandais et italiens. Dans ce lieu réside le chef suprême de l'organisation internationale Spectre. D'une mère grecque et d'un père polonais, Ernst Stavro Blofeld caresse son chat angora blanc, appelé aussi « l'angora turc ». Alors se déroule un affrontement entre, d'un côté, l'espion britannique déguisé en Japonais et, de l'autre, Hans, le robuste et imposant garde du corps allemand du fondateur du Spectre. À l'issue du combat, Bond précipite Hans dans un bain infesté de piranhas, prédateurs des eaux douces d'Amérique du Sud comme en Guyane ou en Colombie. Puis, avec un accent écossais, James Bond déclare, en français dans le texte, « Bon appétit ! ». Cette phrase, prononcée en français par un agent britannique à l'accent écossais, adressée à un adversaire allemand, conclut une scène marquée par le polyglottisme. D'ailleurs, prononcer « Bon appétit ! » en français est une habitude chez James Bond, qui le répète également dans *Permis de tuer* : lorsqu'il enquête de nuit dans le laboratoire génétique de Milton Krest sur les animaux marins, en particulier les requins, Bond se débarrasse d'un garde en lui souhaitant « Bon appétit ! »

Autant d'indices de cultures nationales, certes, mais qui se rencontrent et s'échangent dans une même scène : Japon, Pays-Bas, Italie, Grèce, Pologne, Turquie, Angleterre, Allemagne, Guyane ou Colombie, France et Écosse.

James Bond serait-il non pas tant un sujet britannique fermé sur son identité, mais davantage un citoyen du monde, ouvert sur les différences et les altérités ?

The world is yours

L'expression « citoyen du monde » a plusieurs sens et renvoie à la condition humaine sur terre, à l'être cultivé et civilisé, ou encore à l'individu ouvert aux autres. Au final, elle désigne l'ouverture d'esprit d'une personne sensible à tout ce que l'humanité a en partage, au-delà des coutumes singulières et des frontières fermées. Voyageur et nomade, James Bond lui-même pourrait incarner cette formule du cosmopolitisme, défini par Fougeret de Monbron dans *Le Citoyen du monde* (1750) : « Aujourd'hui je suis à Londres, peut-être dans six mois serai-je à Moscou, à Petersburg, que sais-je enfin ? Ce ne serait pas miracle que je fusse un jour à Ispahan ou à Pékin. »

Contre le repli et l'enracinement dans une terre, une langue ou une culture, Bond participe à l'échange et à l'ouverture à d'autres pays. Le cosmopolitisme – qui n'est pas incompatible avec un certain attachement patriotique, comme cela est le cas chez James Bond – s'oppose surtout à l'idéologie nationaliste. Si le phénomène global de mondialisation inquiète, menace de standardiser nos émotions et modes de fonctionnement au bénéfice d'un vaste système libéral, quelle réponse lui apporter ? La société doit-elle s'enraciner dans une identité exclusive, locale, linguistique ou culturelle pour échapper aux lois du marché, ou est-il préférable de s'ouvrir aux croisements créatifs, aux hybridations du monde ? Bond a choisi : il est cosmopolite, – du grec *kosmopolitès*, « citoyen » (*politès*) du « monde » (*kosmos*) – et, au-delà des frontières de son île, s'affirme ouvert aux autres. L'esprit cosmopolite s'oppose au commerce mondial comme à l'esprit nationaliste. James Bond, antidote à la fois au *Brexit* identitaire et à la mondialisation standardisée ?

Défenseur d'un enrichissement mutuel et d'une diversité composite des cultures, dans le croisement et le partage, Bond se sent à l'aise dans les lieux et les espaces qu'il traverse. Chaque région lui semble familière et connue. Il réussit à habiter le monde, sans y être étranger nulle part et en assimilant les us et coutumes locaux comme s'ils étaient siens. Ainsi, dans *Rien que pour vos yeux*, James Bond est invité à dîner par l'homme d'affaires grec, le signor Aris Kristatos, au casino de l'île de Corfou. Bond est un fin gourmet et n'hésite pas une seconde dans ses choix parmi la gastronomie locale. Il sait mieux que quiconque ce qu'il convient de commander, en vue d'une dégustation raffinée : « Je prendrai les crevettes de Prézera, une salade et le bourdetto. », dit Bond sans hésitation. La région de Prézera se trouve au nord-ouest de la Grèce, à l'embouchure du golfe Ambracique, et le bourdetto est un célèbre plat de poissons de Corfou. Après cette composition annoncée par Bond, Kristatos, revendiquant la culture de son pays et souhaitant manifester qu'il est, lui, le véritable connaisseur, dit à l'agent secret : « Puis-je vous suggérer un robola blanc de Kefalonia, ma région natale ? » Bond, qui pourrait difficilement refuser ce conseil culinaire, renchérit pourtant avec une autre proposition : « Pardonnez-moi, mais je trouve ce vin trop parfumé. Je préfère le Theotaki Aspro. » 007 a une culture aussi précise et détaillée que son hôte grec, car le Theotaki Aspro est le nom d'un vin blanc produit par un prestigieux producteur viticole de Corfou. Il avait donc raison dans son choix.

Laboratoire expérimental de porosité des frontières, la saga Bond questionne l'interdépendance des cultures, leur différence, leur singularité et leur complémentarité. Dans quel sens James Bond est-il cosmopolite ? À sa façon, 007 mobilise des voix dissonantes et dissidentes par rapport à la culture dominante britannique : faisant circuler les langues et les discours, l'espion fait surgir des espaces minoritaires d'expression, rend visible les lisières et les archipels dans une autre relation à la culture-monde.

Parce qu'il est ouvert aux langues les plus diverses, James Bond suscite une contre-modernité postcoloniale, déploie une hybridité culturelle et réinvente l'imaginaire linguistique et social. Après une mission réussie à Rome, l'espion rentre chez lui à Londres, dans la scène d'ouverture de *Vivre et laisser mourir*. 007 est en compagnie de Mlle Caruso, l'espionne italienne avec qui il a accompli son enquête. Alors que M et son homologue italien cherchent en vain l'espionne, Bond et Caruso sont ensemble à Londres, et discutent en italien : « Siamo sole », lui dit Bond. « Alla fine », lui répond Caruso.

Dans *L'espion qui m'aimait*, James Bond rejoint son ancien camarade de Cambridge, le cheik Hosein, qui habite dans un campement au milieu du désert égyptien. Ayant revêtu la tenue traditionnelle du bédouin, James Bond se lance dans une longue traversée silencieuse du désert, sur le dos de son dromadaire. Tel un *fellahin*, il maîtrise parfaitement la conduite de son animal, et connaît les techniques de survie et d'orientation, au milieu des dunes à perte de vue, afin de ne pas s'égarer et de pouvoir trouver son chemin. 007 échange en arabe avec son guide : « Fatal qadir », lui-il dit, signifiant que seul un héros est capable de faire ce trajet sans se perdre. Les deux hommes arrivent enfin à un camp de nomades, près d'une oasis. « Shukraan » dit Bond, faisant asseoir sans difficultés son dromadaire. À son entrée dans la grande tente bédouine, il salue son ami qui le reçoit : « As salma Alaykom », dit 007, qui ajoute en direction du cheik Hosein : « Qu'Allah bénisse ta demeure et accueille un pauvre itinérant. »

Bond est aussi à l'aise dans le désert égyptien à dos de dromadaire que dans les montagnes d'Afghanistan, sur un cheval, à combattre aux côtés du moudjahid Kamran Shah, ancien étudiant d'Oxford et commandant en second du district afghan. 007 participe alors à une expédition avec les Guépards des Neiges, trafiquants des montagnes.

Dans *Rien que pour vos yeux*, face à Melina Havelock bien décidée à venger la mort de ses parents archéologues marins assassinés, Timothy et Iona Havelock, James Bond préfère la mettre en garde. Dans ce but, il lui cite de mémoire un proverbe chinois du Ve siècle avant Jésus-Christ, extrait du *Mencius*, le livre du philosophe Confucius : « Celui qui recherche la vengeance devrait commencer par creuser deux tombes. »

Dans *Demain ne meurt jamais*, 007 se rend à Hambourg. Il enquête sur l'usage de *fake news* par le groupe de déstabilisation multimédia CMGN, les communications Carver. Bond maîtrise parfaitement la langue allemande, il décrypte rapidement la Une de la presse quotidienne, *Hamburger Abenblatt*, *Die Welt* ou *Die Telegraf*, remarquant au passage, comme le spectateur, que tous les titres du kiosque à journaux allemand sont identiques, annonçant alors l'uniformisation et la standardisation de l'information.

Résumant les qualités d'adaptation de 007 à chaque culture, Miss Moneypenny s'adresse à James Bond, dans *Demain ne meurt jamais* : « Vous avez toujours été un habile linguiste. »

Par l'usage de l'hybridité culturelle, qui perturbe la notion d'appartenance unique et exclusive, Bond ouvre un espace énonciatif de dislocation et d'interstices. Il met en œuvre une réflexion psychanalytique sur les symptômes nationaux. Bond réinvente le cinéma comme espace intersticiel et disjonctif, lieu d'un brouillage des identités.

De cette logique de l'inconfort et de l'instabilité résulte une nouvelle cartographie cinématographique. En multipliant glissements et brouillages, Bond à la fois modifie la pensée des identités culturelles, par une poétique plurielle, et bouleverse la notion de sujet, un et unique, par une esthétique de l'errance, où tout être dans le monde n'est ni enraciné ni sédentarisé, mais se situe hors de toute clôture.

Inscrit dans un flux continu de singularisation et de désubjectivation, James Bond est une figure de l'imprévisible, de l'inattendu et du frottement.

En explorateur des langues et des cultures, l'agent secret 007 illustre l'image du rhizome indémêlable. Comme le dit le philosophe et poète Édouard Glissant : « La diversité est la matrice-motrice du chaos-monde. » On peut dire alors que la diversité des cultures, présente dans la saga, annonce le mouvement d'un chaos-cinéma : l'inattendu rythme l'action, donne une cadence à l'image et une vivacité d'allure à l'écran. Les films de James Bond s'inscrivent dans une variation d'identité, tissent le différent dans l'échange et la relation. C'est un cinéma de l'énergie et de la brisure, davantage qu'un cinéma de la répétition. Contre le même et l'identique, Bond se réinvente sans cesse et, de ce fait, réinvente aussi le cinéma, devenu, grâce à lui, une polyphonie et une plasticité visuelle.

« My name is Bondov, Jerzy Bondov. »

L'identité britannique se fissure peu à peu, ce qui souligne l'adaptabilité du personnage. Dans *Le monde ne suffit pas*, James Bond assume lui-même cette forme de dissonance multiculturelle lorsqu'il décide de se faire appeler « Docteur

Arkov, Mikhail Arkov », du ministère de l'énergie atomique russe. Autre cas de figure : dans *Tuer n'est pas jouer*, le changement de nationalité se fait à ses dépens. En effet, lorsque James Bond est drogué et transporté dans une ambulance, le général Georgi Koskov fabrique une fausse carte d'identité pour 007. Elle porte le nom de « Jerzy Bondov », afin de passer facilement les services de contrôle et d'emmener James Bond en avion sur une base aérienne en Afghanistan.

Le changement d'identité est déjà présent de par la diversité de nationalité de certains de ses interprètes à l'écran. Suivant leur lieu de naissance, James Bond est tour à tour Écossais (Sean Connery est né à Édimbourg en 1930), Australien (George Lazenby est originaire de Goulburn, où il est né en 1939), Gallois (Timothy Dalton est né à Colwyn Bay en 1946) ou Irlandais (Pierce Brosnan est né à Drogheda en 1953). Même l'acteur d'une trilogie parodique, Mike Myers, est Canadien.

La mondialité est au cœur de la saga James Bond.

D'ailleurs, parmi les différentes inspirations, le véritable espion qui a servi de modèle à Ian Fleming pour construire son personnage n'est pas un agent anglais, mais un espion serbe : l'élégant et énigmatique Duško Popov.

Né en 1912 dans la province de Voïvodine, au sein d'un milieu proche de la famille royale serbe, Popov est au civil un brillant avocat. Flegmatique et séducteur, amateur d'alcool et de casino, d'hôtel de luxe et de voiture de sport, Popov est un agent secret yougoslave. Il porte le nom de code « Tricycle ».

Pendant la Seconde Guerre mondiale, l'espion serbe Popov est un agent double : il travaille pour les Britanniques, se faisant passer pour un allié des Allemands. Popov a été recruté par l'organisation secrète, le Double Cross System, comité de contre-espionnage anglais supervisé par John Cecil Masterman et dirigé par Thomas Argyll Robertson. Cette organisation secrète coordonne les agents doubles chargés d'infiltrer et de tromper l'ennemi. Duško Popov, par conviction antifasciste et par amitié britannique, livre de fausses informations à son contact allemand, un sous-officier nommé Johann Jebsen. Vers la fin de la guerre, Popov réussit même à retourner cet agent de renseignement allemand contre le camp nazi et au profit des Alliés. De plus, pendant plusieurs années, Popov trompe le maître espion de Hitler, l'amiral Wilhelm Canaris, chef de l'Abwehr, le service de renseignement de l'armée allemande. Au péril de sa vie, Popov lance des campagnes de désinformation auprès de l'état-major allemand. Il réussit même à déchiffrer une technique allemande, le principe du « micropoint ». Inventé par le renseignement militaire des Allemands, ce procédé permet à un simple point imprimé sur une feuille, de même taille qu'un point sur le « i » et lu au microscope, de révèler de précieuses informations.

Ian Fleming rencontre Duško Popov en 1941, dans le casino de l'hôtel Paliccio, à Estoril, station balnéaire sur le littoral portugais, à l'ouest de Lisbonne. Il est impressionné par le sang-froid et l'élégance de l'espion serbe. Fleming assiste au bluff de Popov qui remporte une partie de baccara au casino, face à un riche Lituanien.

Élégant, désinvolte et charmeur, amateur de champagne, joueur de cartes et de billard, sportif accompli et fin tireur, conducteur de grosses cylindrées, Popov est un espion de haute volée qui joue un jeu risqué. Le sous-officier allemand, Von Karstoff, chargé de superviser Popov, a fait passer des tests de fidélité à ce dernier, mais le Serbe double l'Abwehr pour le MI5.

Si l'Intelligence Service britannique apprécie grandement le travail de Popov, comme le souligne Sir William Stephenson, surnommé « Intrépide », le chef des services secrets britanniques pendant la Seconde Guerre mondiale, les États-Unis, eux, se méfient de lui, à tort. Le patron du FBI refuse même de recevoir Popov qui, alerté par des informations essentielles, fait le voyage jusqu'à New York City.

Pourtant, Popov est aussi bien informé qu'efficace.

D'une part, il donne de fausses informations aux Allemands : par l'opération « Fortitude », il fait croire aux troupes du Reich que le débarquement allié ne se déroulera pas en Normandie, mais bien plus au Nord, sur les côtes du littoral belge.

D'autre part, Popov souhaite prévenir en personne le chef du FBI, John Edgar Hoover, de l'imminence de l'attaque japonaise contre Pearl Harbour. En effet, comme l'Allemand Von Karstoff demande à Popov des informations sur l'état des sous-marins américains, ainsi que sur les positions exactes des navires US, l'emplacement des réserves de pétrole, ou encore le lieu précis des hangars, Popov en déduit qu'il se trame quelque chose. Par ailleurs, l'espion serbe a compris, avant tout le monde, que la bataille de Tarente, du 11 au 12 novembre 1940, lorsque la Royal Navy bombarda la flotte navale italienne, allait inspirer la même idée aux Japonais pour leur attaque du 7 décembre 1941.

En vain : Hoover ne croit pas Popov. Le bombardement du port américain de Hawaï a bien eu lieu, faisant plus de 2 400 morts chez les Américains, et plus de 1 200 blessés. Personne n'a bougé avant, malgré les avertissements de Popov. De son côté, celui-ci reste jusqu'en octobre 1942 à New York City. Il retourne ensuite en Europe, réussit à regagner la confiance des Allemands, et continue à les espionner de très près.

Figure kaléidoscopique et personnage polysémique, l'espion Popov brouille les pistes sur sa propre identité. De même l'agent 007 n'est pas un authentique sujet britannique. Du moins incarne-t-il un sujet multiple.

Puissance esthétique de la démesure

À sa façon, la saga de James Bond réinvente le film d'action et d'aventure : fulgurance, puissance des scènes, chaos sonore et visuel, surgissement. Les films de 007 incarnent le grand cinéma épique.

Alors que le matériau s'appuie sur la trivialité et sur la réalité (voitures, armes à feu, bruits, explosions, destructions ou démolitions), tout ce qui en somme compose l'imagerie classique du combat, l'artistique à l'écran consiste à styliser l'ensemble pour produire une transmutation des images.

Le cinéma d'action pourrait se contenter de reproduire le bruit du monde, ou d'incarner l'agitation du réel : violence, conflits, meurtres. Avec Bond, le chaos-cinéma va plus loin. Il réinvente de nouveaux échanges, de nouvelles formes d'identité. De la violence le cinéma fait surgir de la pensée, une image-action en mouvement.

Ainsi une scène significative, extraite de *Permis de tuer*. Grâce à un rythme saccadé de plans courts, alternant vues rapprochées et vues d'ensemble, le montage dynamique des images accélérées, superposées, enchaînées, intensifie l'espace et le temps.

Sur la route Paso del diablo d'Isthmus City, James Bond conduit un camion-citerne, et poursuit un autre véhicule. La manœuvre du *truck-car*, tantôt sur deux roues arrière ou sur deux roues latérales, incarne un rodéo explosif, mécanique et visuel. L'alternance des plans organise un véritable chaos-cinéma : quatre semi-remorques Kenworth W900B transportant leur cargaison de cocaïne, six voitures, un avion et quatre missiles Stinger. Entre esthétique du tourbillon et chorégraphie de la fête foraine, le monde est au bord de l'explosion, empli de pétards et de détonations. Dans une surenchère sonore et visuelle, Bond utilise le *cruise control* (« régulateur de vitesse ») de son véhicule, lui permettant ainsi d'activer le pilotage automatique de l'engin. Le chaos-cinéma devient alors un spectacle baroque, multicolore et débordant : les remorques sont des projectiles qui s'enflamment et brûlent. N'ayant plus besoin de conduire son véhicule sur les routes sinueuses et tortueuses du bitume labyrintique, Bond grimpe sur le toit du camion-citerne. Il saute sur la remorque devant lui. Alors que les réserves d'essence menacent à chaque instant d'exploser, l'affrontement final entre James Bond et Franz Sanchez, l'homme à l'iguane, a lieu dans un climat d'apocalypse, de violence et de frénésie.

Mais le chaos-cinéma ne se limite pas, dans l'œuvre artistique de la saga James Bond, à la seule dimension de violence et d'explosion. Ce chaos-cinéma est aussi un spectacle qui a sa propre théâtralité. S'y réinvente la scène dramatique, où l'artifice et l'imaginaire sont constamment bouleversés. Jouant de la plongée et de la contre-plongée, comme des effets de clair-obscur, entre grandeur et déchéance, puissance et abandon, lumière et noirceur.

Le chaos-cinéma est un tissage d'images et de scènes où s'entremêlent les rythmes et les tempos dans une prolifération rhizomatique et une fulgurance polyphonique. Cette esthétique de la variation donne au film un souffle épique vibrant. Un mélange de syntaxes visuelles qui confronte les êtres, les corps et les choses, dans un ballet rythmique sensationnel. Une forme d'expressivité, comme un magma en fusion, dont James Bond serait à la fois l'archéologue et le metteur en scène. Quelle partition joue-t-il, lorsqu'il est aux commandes d'un incroyable char d'assaut, en pleine rue de Saint-Pétersbourg, dans *GoldenEye*, ou lorsqu'il transforme sa gondole en aéroglisseur et traverse ainsi la place Saint-Marc de Venise, dans *Moonraker* ?

L'explosion soudaine et inattendue du cadre narratif conduit à une esthétique du chaos-cinéma. Une suite percutante d'images, ouverte aux folies, aux dissonances et aux houles déchaînées. Comme une liberté improvisée où, James Bond, manœuvrant les jouets les plus extraordinaires, éclate le normatif et le standardisé pour créer un monde rocambolesque, bouillonnant et cosmétique.

Lorsque, dans le film *GoldenEye* déjà cité, James Bond conduit, à ciel ouvert, un char T-80 BV, pour secourir Natalya Simonova des griffes du général Ourumov, kidnappée dans une voiture, 007 transforme la ville historique de Saint-Pétersbourg. Il s'enfonce dans des ruelles trop étroites, démolit des murs entiers, écrase jeeps militaires et voitures de police. Le véhicule de 1 250 CV fait des glissades sur les boulevards urbains comme sur une patinoire. Le char réalise des dérapages en pleine rue, détruit des bâtiments, défonce des routes, et traverse le long des quais sans s'arrêter un instant. Immaîtrisable, le char fait tellement peur au général Ourumov que ce dernier sort une fiole d'alcool, l'ingurgitant nerveusement en regardant son poursuivant. Les camions et voitures ne font pas le poids. Et le contraste est saisissant avec le pilote du char, James Bond, qui garde ses trais d'humour et montre à nouveau une certaine désinvolture, refusant de coller à son identité propre. Comment réagir face à l'esthétique de l'agitation et devant le processus de démolition totale ? La désinvolture opère une distance à soi et conduit à une remise en question de l'individualité fixe. L'attitude de James est empirique : il agit en réaction aux événements et s'adapte aux circonstances, devant l'explosion brute, discontinue et hétérogène du monde.

La ville est à feu et à sang, les rues sont sens dessus dessous. Au milieu d'un rond-point, le char traverse la totalité de l'espace urbain, sans retour ni détour. Est-ce un jeu, un simple amusement ? Soudain, fonçant sur l'hôtel de ville, le char conduit par Bond arrache la statue d'un cavalier placée devant la mairie, et poursuit ensuite sa course folle. Cette statue symbolique déboulonnée du tsar Nicolas de Russie chevauchant un cheval ailé reste sur le char pendant une bonne partie de la course. Mais alors que le spectateur espère reprendre son souffle et avoir un temps de répit, le char de Bond se retrouve sur une voie de chemin de fer, face à un train-bunker blindé. « Plein gaz, percutez-le ! », ordonne le terrible Janus au conducteur du train lance-missile, obligé de s'exécuter.

Oui, *Le monde ne suffit pas*, titre du dix-neuvième film de la saga, caractérise l'univers de la saga Bond : une énergie filmique mouvante, foisonnante et vibrante, sans cesse renouvelée, à la limite jamais atteinte, toujours plus lointaine, menant au-delà même des frontières du réalisme. Profusion bouillonnante, comme un volcan, où le magma naîtrait, jaillirait et envahirait l'écran.

Par ses rythmes, leitmotive et réitérations, le chaos-cinéma modifie et bouleverse le regard par fluidité, intensité et simultanéité. La saga James Bond invente le chaos-cinéma, c'est-à-dire le cinéma du passage, de l'intervalle et de la métamorphose.

Jamais stable, jamais installé, il met en mouvement le réel, et bouleverse la scène géopolitique. Un éclair ou un souffle, impossible à stopper et à arrêter.

Pour le philosophe Jean-Paul Sartre, le cinéma est le poème de la vie moderne. Il excelle dans le clair-obscur, la mobilité mystérieuse, l'accélération fantastique. Autrement dit l'esthétique de la contingence. Tel est le signe du chaos-cinéma au cœur de la saga 007 : dans une conférence donnée devant ses élèves au lycée du Havre, Sartre décrit « ces entrelacs où s'insèrent des événements pleins de sens, [...] cet éparpillement d'actions qui fait place, tout d'un coup, à des unions fulgurantes et bientôt rompues. »

Le chaos-cinéma associe deux dimensions, celle de la technique visuelle virtuose et celle du baroque-monde inclassable.

La puissance technique est à couper le souffle : le mouvement de caméra intense, les moyens surdimensionnés sont au service d'un spectacle hallucinatoire. Avec des scènes cultes et impressionnantes, tant au niveau du montage qu'à celui de la réalisation : le rodéo final et explosif de *Permis de tuer*, le char en pleine rue de Saint-Pétersbourg dans *GoldenEye*, le bulldozer sur un chantier en construction à Madagascar dans *Casino Royale* ou encore le tractopelle utilisé par Bond pour relier les parties du train, en ouverture de *Skyfall*. Autant d'aspects techniques et de surenchères visuelles, que seuls les films de Bond peuvent offrir. Grâce notamment à des studios, des équipes spécialisées et des moyens uniques. Un réalisateur peu habitué à ce cinéma de blockbusters en a fait l'expérience : lors de sa leçon inaugurale en octobre 2018 au Collège de France, où il est le premier cinéaste nommé à la chaire annuelle de Création artistique, le réalisateur Amos Gitaï évoque les studios Pinewood, près de Londres, « où se fabriquent tous les James Bond. »

C'est là, explique-t-il, qu'il prend contact avec une équipe anglaise incroyable, capable de lui installer un système hydraulique pour tourner la scène d'un de ses films et de résoudre la difficulté de suspendre un hélicoptère Bell 205, la caméra et les comédiens à l'intérieur, le paysage en arrière-plan. « Il faut élaborer une stratégie logistique, au service des idées de mise en scène », précise l'auteur de *Kadosh* et *Kippour*. Car comment filmer ? Dans quel langage visuel et avec quelle syntaxe cinématographique ? Entre le bruit de l'hélicoptère et celui des explosions, entre le mouvement physique des corps et l'agitation des déplacements, mettre en scène signifie créer une structure dans l'agitation, grâce au chaos-cinéma. « Tourner un film demande une certaine ténacité », conclut Amos Gitaï, rappelant son travail préparatoire avec les machinistes de Pinewood Studios. Filmer suppose un engagement physique et moral, pas seulement esthétique ou artistique. Au cœur des mythiques Pinewood Studios, se trouve le 007 Stage, l'un des plus grands plateaux de tournage au monde. Ce lieu féérique et hors du commun fut construit à l'origine par le chef décorateur Ken Adam pour fabriquer l'intérieur du *supertanker* de *L'espion qui m'aimait*.

Avec le cinéma des James Bond, nous sommes embarqués dans un courant indivisible et bousculé, puissant et ininterrompu : une œuvre faite de rappels brefs et fuyants, de sensations profondes et secrètes. Tel est l'univers de 007. Un monde fondé sur le simulacre et le faux-semblant, puis transcendé grâce à une surenchère d'effets spéciaux et d'explosions à grand spectacle.

Mais il y a une seconde dimension de ce chaos-cinéma : un théâtre baroque, digne de la *Comedia dell'arte*, où le simulacre et la magie occupent tout l'espace. James Bond est un personnage d'illusion et de prestidigitation, une figure suspendue dans les airs qui vole comme un pantin merveilleux. Sans doute est-ce cette dimension de théâtre napolitain et de composition baroque chez lui qui a tant séduit Federico Fellini.

Un jour, l'auteur de *La Strada*, d'*Amarcord* ou de *Et vogue le navire* écrit à son producteur, Dino de Laurentiis, et lui dit qu'il veut réaliser un « James Bond métaphysique ». Le film, tel que Fellini l'imagine, sera grandiose et démesuré, une superproduction comprenant des milliers de costumes, créés par Pier Luigi Pizzi, ou encore la construction d'un train à huit étages. Qui incarnera le héros 007 ? Fellini pense déjà à Gregory Peck, Steve Mc Queen ou Paul Newman. Les acteurs viennent d'ailleurs spécialement à Rome pour discuter du rôle avec le maître. Mais le film ne se fera pas.

Pourtant, l'idée est bien là : le chaos-cinéma est un laboratoire esthétique de la contingence et de la puissance, de la vie et de la mort, de la démesure et de la violence.

Par-delà britannicité et mondialité. On comprend bien que, dans cet univers, James Bond ne peut plus simplement être défini par la permanence de son être (sujet britannique), mais que, porté par l'action multidirectionnelle et la perméabilité de ses identités mouvantes, il s'adapte aux aléas du monde, figure hybride, multiple et cosmopolite. Tel est le deuxième secret de 007.

3. Du dandysme au romantisme, la comédie du *Surmariage*

Figure de la masculinité et de la virilité, James Bond symbolise la séduction irrésistible, dans la tradition classique des *serial lovers*. Mais l'érotisme de la série est-il purement conventionnel, dans un rapport unilatéral aux femmes, ou opère-t-il une distance critique qui perturbe le paradigme classique de la puissance du mâle ? Une lecture philoscopique peut-elle complexifier les rapports érotiques et amoureux de l'agent secret ? Ainsi, parmi les pistes d'interprétation possibles, lorsque 007 sort des eaux turquoises des Bahamas, vêtu d'un maillot de bain *shorty* bleu ciel, dans *Casino Royale*, la représentation multiple de la masculinité peut faire de lui, comme corps sexualisé et érotisé, une icône gay et queer. 007 incarnerait-il alors un fantasme sexuel, autant homosexuel qu'hétérosexuel ? Décrypter la bisexualité du héros britannique et son attirance à l'écran pour les hommes et les femmes participe du renouveau des mouvements pluriels LGBTQIA+ – lesbienne, gay, bi, trans, queer, intersexe et leurs alliés et alliées. En effet, la plastique physique de James Bond ne laisse pas insensible plusieurs hommes, comme Le Chiffre ou Silva. Ce dernier, sous le charme de l'agent lors d'une scène sensuelle de séduction dans *Skyfall*, caresse le torse de 007 qui lui répond : « Qu'est-ce qui vous fait croire que c'est ma première fois ? » Loin d'une exclusive domination masculine et d'une mysoginie d'un autre temps, James Bond est un homme à la fragilité assumée, capable d'incarner un corps tour à tour vulnérable et désirant, soumis et dominant. Par ailleurs, au-delà de leur complicité professionnelle, n'y a-t-il pas une attirance réciproque dans la relation de fidélité entre James Bond et Félix Leiter ? Et si tout se rejoue dans les relations masculines, qu'en est-il des désirs féminins et des jeux de séduction ? Ainsi, avec James Bond, les relations du masculin et du féminin sont redistribuées. La saga 007 brouille les conventions classiques et les paradigmes traditionnels.

L'espion s'habille en Prada

Si vous ouvrez le petit essai de Baudelaire *Le peintre de la vie moderne*, paru sous trois livraisons en novembre et décembre 1863 dans *Le Figaro*, vous y découvrez le titre de ces différents chapitres : « Le beau, la mode et le bonheur », « L'artiste, homme du monde [...] », « La modernité », « Les annales de la guerre », « Le militaire », « Le dandy », « Éloge du maquillage », « Les femmes et les filles » et « Les voitures ». Ces thèmes, qui annoncent chaque partie du texte de Baudelaire, évoquent aussitôt la figure de James Bond et de son univers esthétique. Comme si le poète nous livrait, par son intuition prophétique, la puissance du mythe de James Bond, « héros de la vie moderne », cent ans avant le premier film de la saga. Il y a eu le portrait du dandy-poète ; il y a désormais celui du dandy-espion.

Son élégance et sa distinction font-elles de 007 un parfait dandy, un gentleman raffiné ? Que nous apprend le *James Bond way of life* sur sa manière d'être et son art de la mise ? Un agent secret amateur des meilleurs champagnes, Taittinger, Dom Pérignon ou Bollinger, ne peut que mettre en avant son attrait pour l'éclat de la vie et revendiquer le pétillement de l'existence. Rien n'est trop beau pour l'espion spécial de Sa Majesté : lorsque, dans *Quantum of Solace*, l'agent de liaison Mademoiselle Fields conduit James Bond dans un hôtel de seconde zone, situé dans un quartier agité de La Paz et réservé pour lui par le consulat britannique, 007 refuse de s'y installer.

Pourtant leur couverture les oblige à la discrétion et à un alibi : « Nous devons avoir l'air de professeurs en disponibilité. », insiste l'agent Fields. « Plutôt dormir à la morgue. », renchérit 007 qui préfère quitter aussitôt les lieux et partir séjourner dans un hôtel de luxe cinq étoiles. Il y emmène Fields et annonce au maître d'hôtel qui les reçoit dans un décor fastueux et luxueux : « Nous sommes des enseignants en congés, mais nous avons gagné au loto. », annonce Bond, bien décidé à profiter de la plus jolie suite de l'hôtel.

Le goût luxueux des apparences, parfois légères ou futiles, se manifeste aussi chez Bond, dans ses choix vestimentaires, comme un désir d'affirmer son individualisme. Du polo et pantalon bleus dans *James Bond contre Docteur No* en 1962, au costume gris Brioni dans *Le monde ne suffit pas* en 1999, jusqu'au complet sombre trois-pièces à la fin de *Casino Royale* en 2006, l'agent 007 est une *fashion victim*. Il choisit avec soin les apparats les plus divers qui reflètent son être-au-monde et incarnent son mode d'action et la distinction de son engagement. Pour Bond, un smoking est une armure de combat, mais aussi un vêtement hors norme : l'habit qu'il porte signale la volonté de marquer sa différence et de cultiver sa singularité, dans un monde normalisé et standardisé.

Porté par l'artefact et le trompe-l'œil que sont ses gadgets sophistiqués et ses armes miniatures, Bond développe une stratégie stylistique, au cœur de son attitude et de son comportement. C'est un homme qui aime la vitesse et l'accélération, qui cherche le risque et le danger. Grisé par la conduite de voitures spectaculaires – invisibles, amphibies, aériennes et sophistiquées –, 007 pilote ces véhicules avec style. Au volant d'une mythique Aston Martin DB5, avec pare-chocs hydraulique et écran radar, ou d'une Lotus Esprit transformable en sous-marin, Bond incarne l'art de vivre du *goldenboy* ou du *playboy*. La rapidité du pilotage hors piste et tout-terrain se retrouve dans chaque engin conduit par le héros : bobsleigh, switchblade ou hovercraft. Par ailleurs, la manière récurrente dont il présente sa passion pour la fréquentation des tables de jeu et de casino signale également un autre trait caractéristique de sa personnalité. Si 007 est addict à la mode masculine, sa passion pour les parties de cartes manifestent à la fois sa détermination à gagner et son goût du risque. Ce que Baudelaire appelle « le dernier éclat d'héroïsme dans les décadences ».

D'ailleurs, la mise en scène cinématographique ne s'y trompe pas : la toute première apparition de James Bond dans la saga a lieu dans une salle de jeu, « Le Cercle des Ambassadeurs », à Londres. Pendant la partie de cartes nommée « jeu du chemin de fer », on ne voit pas son visage, mais seulement ses mains qui manipulent et relancent les cartes. L'effet de séduction est immédiat, non seulement sur Sylvia Trench, sa partenaire au jeu, mais aussi sur le spectateur. Puis, c'est à travers les yeux de Trench que, soudain, notre regard se pose sur les mains de Bond. Elles saisissent son étui et en sortent une cigarette, qu'il allume avec son briquet. La flamme éclaire alors son visage, au moment où il prononce la ritournelle la plus célèbre de l'histoire du cinéma : « Mon nom est Bond, James Bond. » »

En quelques instants, d'un regard jeté sur les mains jusqu'à une écoute attentive de la voix, un style et une attitude sont posés.

Bond a non seulement le goût addictif de l'élégance vestimentaire, mais aussi le plaisir de défier ses adversaires autour d'une table de jeu. Parfois, la passion des cartes le conduit à prendre des risques insensés. Lors d'une partie de cartes, dans le salon privé du casino d'un hôtel au Monténégro, partie de poker *Hold'Em no limit* dont les règles ont été rappelées aux différents joueurs par le banquier suisse de Bâle, Mendel, dans *Casino Royale*, Bond a fort affaire avec un redoutable adversaire, assassin à la ventoline, Le Chiffre. Dans un premier tête-à-tête, Le Chiffre l'emporte, en faisant croire à Bond qu'il bluffait : il gagne par un carré de valets. Àprès un épisode mouvementé, Bond retourne à la table de jeu. Cette fois-ci, la mise augmente, elle est dans le pot de cent-quinze millions de dollars. Au bout d'une partie à risque, Bond gagne *in-extremis* par une quinte flush. Il a la meilleure main, les cartes 8, 7, 6, 5 et 4 en pique. L'une des plus célèbres parties de golf du cinéma a lieu sur les green de Stoke Park, célèbre country club anglais appartenant à l'adversaire sportif de Bond, Auric Goldfinger. Ce dernier, prêt à toutes les tricheries pour obtenir la victoire de la partie, et remporter le lingot d'or nazi tant convoité, utilise une autre balle Slazenger 1, déposée en trichant par son caddy et homme de main, Oddjob, alors que la première balle s'est perdue quelque part sur le terrain. Bond, qui a compris la supercherie, laisse jouer Goldfinger, mais substitue une

Slazenger 7 à la Slazenger 1 au cours du jeu, sans que l'homme d'affaires ne s'en aperçoive. Au dernier trou, Bond fait remarquer qu'il ne s'agit pas de la bonne balle, et que Goldfinger perd le point et le match. Décontracté, habile et rusé, 007 sait que l'affrontement contre un ennemi se déroule souvent lors d'un jeu ou d'une partie, au casino ou sur un green de golf.

À côté des caractéristiques presque aristocratiques de 007, comme le plaisir du jeu et l'élégance vestimentaire, la relation tumultueuse que Bond entretient avec ses supérieurs hiérarchiques au MI6, notamment son chef M, figure de l'ordre et de la loi, correspond aussi à un trait du dandysme.

L'espion outrepasse souvent l'ordre qu'il a reçu. Le héros n'en fait qu'à sa tête et préfère prendre des initiatives dangereuses, incontrôlables ou risquées plutôt que de respecter le protocole classique et la procédure habituelle. Pourquoi ? Comment Bond justifie-t-il ses écarts à la bonne conduite ? Sa désobéissance est guidée par l'instinct et l'initiative : à sa façon toute particulière, Bond souhaite malgré tout mener à bien ses missions, mais en prenant le chemin que lui seul a décidé de suivre. Pieds et poings liés, M doit rendre des comptes au sujet de son agent : au-dessus du chef du MI6, dans la hiérarchie de l'autorité administrative, se trouvent le ministre des Affaires étrangères, le ministre de l'Intérieur ou encore le président de la Commission du renseignement et de la sécurité. Eux-mêmes sont également soumis à la volonté et à la décision du Premier ministre britannique. Dans le monde des organisations politiques secrètes, chaque service de sécurité dépend d'un autre service. Quiconque travaille dans la bureaucratie doit se soumettre à la stricte hiérarchie administrative.

Or, à plusieurs reprises, l'attitude de 007 est sur le point de créer un incident diplomatique au sein de la maison Angleterre. S'ils font preuve d'une originalité efficace et d'un sens aigu de l'anticipation, les dérapages de Bond passent, aux yeux de ses supérieurs, pour de la négligence ou de l'incompétence.

Dans *Opération Tonnerre*, le ministre de l'Intérieur demande à M : « Votre agent 007 a-t-il une piste ? » M répond : « Fausse alerte malheureusement. », et le ministre, agacé, renchérit : « Votre agent a l'air doué pour le suspense. » Ce qui montre que, avec 007, le *drama* narratif est sur le fil du rasoir, et peut basculer d'un côté ou de l'autre à n'importe quel moment. L'issue est incertaine, car Bond est perçu comme instable. Même situation de crise dans *Quantum of Solace* : M est convoquée au bureau du ministre des Affaires étrangères, qui reproche à la directrice du MI6 de laisser l'espion en roue libre : « En politique étrangère, pas d'intuition ni d'insinuation. » Lors de cette mission de grande ampleur contre une organisation terroriste, dont l'objectif est d'aider les dictateurs à réussir leur coup d'État en Amérique du Sud, avec la complicité de la CIA, afin de s'emparer pour leur propre compte de zones d'eau potable et de contrôler ainsi des territoires, M tente à plusieurs reprises de bloquer Bond. Lors d'une connexion téléphonique entre l'Angleterre et l'Autriche, M insiste auprès de son agent : « Venez au rapport ! » L'agent secret lui répond : « Pas le temps. » M désespère de voir Bond éliminer un par un toutes les personnes susceptibles de mener à la piste de l'organisation terroriste : le traître et agent double Craig Mitchell abattu par Bond à Sienne, l'assassin Edmund Slate tué par Bond à l'hôtel Dessalines de Port-au-Prince, le garde du corps de Guy Haines, conseiller corrompu du Premier ministre britannique, lâché par Bond dans le vide du haut de l'opéra de Bregenz. M insiste auprès de son agent : « Maîtrisez-vous et limitez vos tirs. Rentrez ! » Mais Bond désobéit à nouveau : « J'aimerais bien, mais je dois d'abord trouver celui qui voulait vous tuer. » Alors M décide de lâcher son agent et demande à son bras droit, Bill Tanner, d'immobiliser Bond : annulation de ses cartes de crédit et blocage de ses passeports. M, accompagnée des agents du MI6, est même obligée de suivre Bond au Grand hôtel Andrean, de La Paz en Bolivie, pour tenter de le stopper. Mais, une fois dans l'ascenseur et menotté, Bond, suspendu de ses fonctions et ayant remis son arme de service, se débarrasse malgré tout de ses gardiens du MI6 et file à l'anglaise. « Rentrez au bercail ! », suggère à nouveau M à Bond, dans la scène finale du film qui se déroule à Kazan, la capitale du Tatarstan à sept cent kilomètres à l'est de Moscou, mais Bond lui dit : « Je ne l'ai jamais quitté. »

Au final, aux yeux de ses supérieurs, Bond reste malgré tout le meilleur agent du MI6, comme le montre la dernière scène de *Rien que pour vos yeux*, lorsque le Premier ministre en personne souhaite le remercier. Flattés d'un tel honneur pour leur agent, Q et le ministre de la Défense réussissent à obtenir une liaison satellite entre le *10, Downing Street* de la capitale britannique et le *Triana* en mer Égée, le bateau des parents de Melina Havelock où se trouve Bond. Peu soucieux du protocole autant que des récompenses et souhaitant profiter du bain de minuit, Bond laisse Margaret Thatcher converser avec Max, le fidèle perroquet des Havelock.

Une tension dialectique entre amour et haine traverse toutes les relations entre James Bond et sa hiérarchie. Les patrons de 007 comptent sur lui, conscients de ses compétences réelles et efficaces, mais désapprouvent ses méthodes improvisées et solitaires. Bond est une tête brûlée. Les paradoxes de désobéissance et d'acharnement, de refus et d'obstination, de fidélité et d'infidélité, sont au cœur du dandysme de 007. Baudelaire, encore une fois, en donne une explication précise : « Le dandysme se joue de la règle et pourtant la respecte encore. Il en souffre et s'en venge tout en la subissant ; il s'en réclame quand il y échappe ; il la domine et en est dominé tour à tour. » De son côté, l'écrivain Jules Barbey d'Aurevilly, dans son traité *Du dandysme*, évoque aussi l'attitude de contestation propre au dandy rebelle : « C'est une révolution individuelle contre l'ordre établi. »

Les tensions sont fréquentes entre M et Bond : l'échange et la communication passent mal entre eux. Mais, au-delà du dandysme, se pose chez Bond un cas crucial d'éthique : agit-il de manière personnelle ou professionnelle ? Doit-il faire son devoir ou chercher à accomplir une vengeance ? James Bond est un héros aux multiples failles, qui peut être guidé par la colère d'une vendetta et l'esprit de revanche. Le signe des représailles est symbolisé par le briquet dans *Permis de tuer*, offert à Bond par ses deux amis au moment de leur mariage et sur lequel on peut lire : « James. Love Always, Della and Felix. » Et lorsque Della et Félix Leiter sont kidnappés par Franz Sanchez, dont la loi est *Plomo o plata* (« Le plomb ou l'argent »), Bond se fait la promesse de les venger. Della est assassinée, Félix violemment torturé et mutilé. Lors de sa mission périlleuse à Isthmus City, 007 utilise d'ailleurs le briquet, cadeau des jeunes mariés, comme arme ultime pour se débarrasser du trafiquant de drogue.

007 est un individu insaisissable. Il est difficile d'en percer les mystères car Bond semble tantôt aveuglé par le chagrin vengeur, tantôt motivé par la droiture morale. Se pose alors la question : lorsqu'une mission lui tient trop à cœur, doit-il aller jusqu'au bout ? S'arrêter ou continuer, mais à quel prix ? Bond agit en fonction de ses affects et de sa sensibilité. Pourtant, il le sait mieux que personne, lorsque, son émotion un peu apaisée, il confesse à M : « Les morts se moquent d'être vengés. »

Par vengeance ou par goût du risque, par opiniâtreté ou par fidélité, 007 veut imprimer sa marque et son style dans chacune de ses missions, au risque de désobéir et de compromettre sa hiérarchie. Ce faisant, agissant selon un impératif personnel au-dessus des normes et des conformités, Bond incarne alors le véritable dandy : un homme, seul, au milieu de la foule.

On le voit aussi, son goût personnel du luxe et de l'action se manifeste à de nombreuses reprises, entre tournois de golf, voitures de sport ou bateaux de luxe, costumes sur mesure et parties de poker, de bridge ou de baccara. Sûr de son charme et de son élégance, James Bond joue de sa séduction à chaque instant. Et, dans chacune de ses aventures, l'agent 007 se tourne vers les femmes. James Bond apprécie la compagnie féminine, mais dans quel but précisément ? Que signifie, pour lui, cette attirance ?

Le temps des amants

Érotisme et sexe sont au cœur de l'univers de 007, au centre des relations qu'entretient James avec ses partenaires féminines. L'agent secret revendique la liberté sexuelle et défend un mode de vie tendanciellement libertin.

Multipliant les conquêtes et les expériences amoureuses, parfois avec ses partenaires de mission, parfois avec ses adversaires directes, Bond incarne l'esprit libre et individuel du grand libertinage. La quête du plaisir charnel s'accompagne du rejet des dogmes établis et des conventions en vigueur. Si 007 est l'espion le plus anticonformiste du MI6, la sexualité participe de son goût du jeu et de son rejet des règles.

Jouisseur et hédoniste, James Bond l'est assurément et à sa façon. Il profite des plaisirs. Doué dans les jeux de séduction et de manipulation, Bond sait tirer profit des situations et tente de les faire évoluer à son avantage. Entreprendre un dialogue subtil, toucher la sensibilité de l'être rencontré ou attiser son intérêt : Bond a retenu la leçon du *Prince* de Machiavel. 007 suit la recommandation faite par Machiavel, philosophe pragmatique florentin, à celui qui veut diriger ou gouverner : être rusé comme un renard ou féroce comme un lion. La force et la ruse impliquent de dissimuler, de tromper et de tuer, mais aussi de séduire, de manipuler et, à la manière de Bond, de multiplier les aventures amoureuses. Dans *Opération Tonnerre*, l'agent secret profite d'un séjour de remise en forme à la clinique de Shrublands dans le Sussex. Mais il manque de se faire tuer sur une table de traction réglée à pleine vitesse. L'ostéopathe accourt pour le secourir, puis demande à 007 de garder le silence sur cet incident. L'espion accepte, en échange d'une séance amoureuse dans les vapeurs chaudes du *turkish bath* de la clinique.

Si Bond refuse l'autorité, il recherche la jouissance, parfois de manière clandestine car le goût du plaisir est toujours dans le secret.

Son modèle libertin est sans nul doute Giacomo Casanova, qui, comme 007, est à la fois un aventurier qui aime le danger, un espion de profession au service de la diplomatie politique et un voyageur à travers le monde. Dans *Histoire de ma vie*, Casanova raconte ses exploits amoureux et ses pratiques sexuelles avec cent quarante-deux femmes. La saga de James Bond fait-elle autre chose ? Dans les films, 007 est libertin au sens où il veut conquérir, par amour du jeu, et séduire, par plaisir du défi. Sa morale légère, ludique et irresponsable, est plus proche du carnavalesque chez Casanova que de la cruauté chez le vicomte de Valmont, de la violence chez Sade ou du désir chez Don Juan. Bond est *commander* de la marine, comme Choderlos de Laclos, l'auteur libertin des *Liaisons dangereuses*, était officier d'artillerie : la séduction d'une femme comme conquête à mener, plan de bataille à établir et stratégie de siège à consolider. Oui, l'amour chez 007 est d'abord une partie mentale et psychique, un jeu psychologique de galanterie, de courtoisie et de drague. L'enjeu érotique est là : se promener à travers le monde et profiter des femmes, jouir des rencontres faites au gré des missions.

Si James Bond est d'abord vu comme l'idéal du dandy, il est aussi l'archétype du libertin. Son souci principal est le bonheur immédiat, impulsif et pulsionnel, procuré par le plaisir et les sensations. Bond est un fin gourmet, fou de vins et d'alcools, obsédé par les costumes et les tissus qu'il porte. Si l'espion est parfois taciturne et mélancolique, la compagnie des femmes le rend tout à coup aimable, enjoué, passionné de conversations et porté par les sujets les plus divers. Son esprit d'aventure, de plaisir et de curiosité est son seul et véritable guide.

Là encore, comme Casanova, Bond est un nomade solitaire qui fuit la compagnie ennuyeuse comme il recherche obstinément les charmes du plaisir. Bond traverse la planète ; Casanova séjourne de Rome à Constantinople, de Londres à Moscou ou Trieste. Bond voyage pendant soixante-huit ans à travers vingt-cinq films, entre 1962 et 2020 ; Casanova parcourt lui aussi le monde pendant soixante-trois ans, de 1734 à 1797. Pour les deux aventuriers et espions, le mouvement est vital, l'énergie est dans le déplacement, l'élan est permanent. Satisfaire ses désirs, découvrir le monde, s'évader et s'envoler, suivre ses seuls plaisirs, ou presque car les missions sont bien là et les dangers aussi. Mais le plaisir perdure. D'ailleurs, Bond et Casanova parlent tous les deux facilement français, or le français est la langue de l'amour.

Y a-t-il un libertinage londonien, comme il y a un libertinage vénitien ? En réalité, la ville de Casanova est une destination régulièrement choisie par 007, ce qui renforce encore son attrait pour le libertinage. Venise est la ville des plaisirs : Bond s'y rend à plusieurs reprises, mêlant ainsi sexe et enquête. À la Cité des Doges, ou Sérénissime, 007 est toujours en bonne compagnie : avec Tatiana Romanova dans *Bons baisers de Russie*, avec Holly Goodhead dans *Moonraker*, avec Vesper Lynd dans *Casino Royale*.

Avec James Bond le sexe peut aussi être cruel. La passion des corps annonce souvent la mort. Comme le dit d'ailleurs à 007 Miranda Frost, agent du MI6, championne d'escrime et maîtresse secrète du colonel Moon : « M m'a mise en garde contre vous. Vous offrez le sexe en entrée, la mort en dessert, non merci. » Dans les aventures de 007, les femmes et amantes de l'espion connaissent parfois un destin funeste. Violence et érotisme se mêlent, sensualité et perversité se rejoignent. Des *James Bond ladies* sont assassinées, en représailles de leur choix amoureux et pour avoir cédé aux avances du héros. Le revers de la médaille au jeu amoureux, c'est le goût du danger, ou la mort qui frappe. « Mourir » s'annonce, dès le titre de nombreux films, *Vivre et laisser mourir*, *Demain ne meurt jamais*, *Meurs un autre jour* ou *Mourir peut attendre*.

Doré ou sombre, étincelant ou noir, l'or tue. À deux reprises. Dans *Goldfinger*, James Bond se rapproche de Jill Masterson qui l'aide à pousser Auric Goldfinger à perdre aux cartes face à Simmons, au bord de la piscine de l'hôtel Fontainebleau, à Miami. Pour la punir de sa trahison, le corps nu de Jill Masterson est recouvert d'une fine peinture ou pellicule d'or, de la tête aux pieds. Lorsque Bond découvre le corps de Jill, asphyxiée ou momifiée par l'or, il n'ose à peine la toucher et la frôle simplement, survolant son cou et sa nuque.

Dans *Quantum of Solace*, le corps sans vie de l'agent Fields est découvert enduit de pétrole brut dans la chambre d'hôtel de Bond. Sa mort n'est pas en représailles d'une trahison car Fields travaille pour le consulat britannique en Bolivie. Mais son meurtrier, Dominic Greene, choisit de l'éliminer avec de l'or noir pour mettre les gouvernements britannique et américain sur une fausse piste, la recherche par l'organisation terroriste d'une supposée réserve pétrolière dans le désert bolivien.

Si ce n'est par l'or jaune ou l'or noir, la mort frappe à chaque instant celles qui se donnent à 007, de la pilote d'hélicoptère Corinne Dufour, dans *Moonraker*, à Paris Carver dans *Demain ne meurt jamais* ou Séverine dans *Skyfall*.

Après avoir aidé 007 et passé la nuit avec lui dans sa chambre, au somptueux château du désert Mojave, Corinne Dufour meurt le lendemain dans la forêt de la propriété, gibier de chasse dévoré par les chiens de Hugo Drax. Dans cette scène hyperréaliste, où la tension dramatique est portée par le mouvement de caméra, à même les buissons de la forêt, la jeune femme est poursuivie et tuée par les trois féroces dobermans.

Sous les traits d'un banquier, James Bond se rend à Hambourg et assiste à la soirée de lancement du réseau satellite mondial de télécommunications du magnat Elliot Carver, spécialiste de la désinformation et des *fake news*. Il y retrouve une ancienne maîtresse, Paris Carver, devenue l'épouse du PDG de *Tomorrow's news*, empire numérique de networks digne des GAFA et à même d'opérer une déstabilisation médiatique. Après avoir giflé 007, Paris Carver lui dit avec dérision : « Tu dors toujours avec une arme sous ton oreiller ? Tu veux me faire parler à coup de charme. » Mais toujours éprise de 007, elle finit par céder à ses avances. Plus tard, Bond découvre dans sa chambre d'hôtel son corps inanimé, alors qu'au même moment, le poste de télévision annonce déjà la mort de l'épouse du président de la chaîne d'information. Paris Carver est assassinée par le Docteur Kaufman, spécialiste de médecine criminelle et tueur personnel de son mari.

Ancienne prostituée de Macao, Séverine rencontre 007 au casino du Dragon flottant. Elle lui propose de la rejoindre la nuit sur le yacht *La Chimère*. Les deux amants partagent une intimité dans la douche du bateau. Au réveil, capturée avec Bond par Tiago Rodriguez sur son île déserte, Séverine est tuée de sang-froid au pistolet par Silva, qui lui pose sur la tête un verre de whisky Macallan 1962 avant de tirer.

Mais les femmes dans les aventures de la saga ne sont pas seulement des victimes tragiques de la violence sanguinaire et de la folie meurtrière des hommes. Elles ne sont ni réduites à des êtres sacrificiels, ni limitées à des désirs sexuels. Les personnages féminins sont des héroïnes et des alter ego, à l'égal de l'agent britannique, lui sauvant régulièrement la mise. Loin du stéréotype ridicule de la pin-up ou du cliché vulgaire de la playmate, un souci d'égalité des sexes traverse la saga. Non pas toujours, il est vrai, comme réalité déjà effective à l'écran, mais davantage comme projet en devenir ou idéal cinématographique à conquérir. Il n'empêche, les femmes d'action, aventurières et engagées, y sont bien présentes. Elles accompagnent l'agent secret dans sa quête et accomplissent la mission avec le même succès que leur équivalent masculin.

Membre de l'administration de la recherche à la NASA, Holly Goodhead est non seulement astrophysicienne et spécialiste d'ingénierie spatiale, mais également espionne d'élite de la CIA et combattante hors pair. Ses compétences de cosmonaute et de pilote de fusée sont essentielles en orbite, dans la cité spatiale, pour stopper le projet démoniaque de Drax de détruire l'humanité à partir de ses expériences en laboratoire sur la plante *Orchidae nigra*.

Armée de son arbalète, Melina Havelock entreprend de rendre justice elle-même et tue d'une flèche Hector Gonzales : « Je suis à moitié grecque », explique-t-elle à 007, « et les Grecques, comme Électre, vengent toujours leurs proches. » À cent soixante-dix-huit mètres de profondeur, elle pilote avec Bond le sous-marin biplace le *Neptune*, afin de récupérer ensuite, à l'aide de scaphandriers, le système émetteur ATAC dans l'épave du navire le *Saint-Georges-Valletta*. Avec Milos Colombo, James Bond et quelques autres, Melina Havelock participe à l'ascension périlleuse du mont Saint-Cyrille. À l'aide de treuil, poulie et nacelle, ils escaladent la montagne jusqu'au repère d'Aris Kristatos, qui se cache, projetant de s'enfuir pour Cuba, dans un vieux monastère orthodoxe abandonné.

De nombreuses alliées et amantes de 007 sont des espionnes de pointe, au sang-froid redoutable et à l'efficacité sans limite. Le commandant russe Anya Amasova, agent X du KGB, rencontre Bond sur le site des pyramides de Gizeh, près du tombeau de Khéops, pharaon de la quatrième dynastie. Ensemble, ils rencontrent Max Kalba au Mujaba Club du Caire et affrontent Jaws dans un temple égyptien à ciel ouvert. Le général Alexis Gogol confirme à son homologue M du MI6 la nécessité d'associer Triple X et 007 : « Deux cerveaux aussi perspicaces apprécieront de travailler ensemble au nom de la nouvelle coopération anglo-soviétique. »

L'association érotique et politique fonctionne également avec Aki, l'espionne 294 des services secrets japonais (SIS), qui sauve Bond à plusieurs reprises des griffes des gardes d'Osato. Lors d'une autre mission, 007 est aidé de Pam Bouvier, pilote freelance et agent de la CIA. Aux côtés de Bond, au bar Barrelhead de Bimini, protégée par un gilet pare-balles en kevlar, Pam Bouvier affronte courageusement, avec un fusil de pointe de gros calibre, les hommes de main de Franz Sanchez, en particulier le cruel Dario. Une telle association se répète avec Wai Lin, colonelle des services de la défense du territoire chinois. Travaillant pour la sécurité extérieure chinoise, Wai Lin est capable de conduire une moto tout en étant menottée à Bond, et de mettre hors d'état de nuire quatre voitures et un hélicoptère qui les poursuivent, toujours attachée à 007, dans les rues et sur les toits de Saïgon. Puis, seule, elle affronte une quinzaine de ninjas qu'elle met KO, sans utiliser son arme de service, un Makarov 59. Ailleurs, lors d'une autre mission, Bond s'associe avec Jinx, agent de la NSA, pour empêcher Gustav Graves de détruire les défenses sud-coréennes avec le satellite *Icare*. On le voit aussi en binôme avec la doctoresse Christmas Jones, physicienne nucléaire qui travaille pour l'International Decommissioning Agency (IDA). Jones et Bond découvrent ensemble le plan du terroriste Renard et de sa complice Elektra King qui veulent détruire et contaminer au plutonium le détroit du Bosphore et les environs d'Istanbul. Dans *Mourir peut attendre*, Bond et Nomi, la nouvelle collègue de 007 au MI6, sont tous deux autorisés à tuer et possèdent l'un et l'autre la licence d'agent secret.

Sans la détermination et l'intervention des personnages féminins, James Bond n'aurait pas survécu bien longtemps et serait mort plus d'une fois. Les jeux de l'action, de l'amour et du hasard sont la clé en trois dimensions des aventures filmographiques de 007. La cartographie sensuelle des personnages féminins détermine les relations entre hommes et femmes dans le cinéma des James Bond. De manière générale, l'espion papillonne et virevolte au gré des rencontres : il est prêt à séduire une fleuriste à Cortina d'Ampezzo, à tomber dans les bras d'une aristocrate italienne – la comtesse Lisl von Schlaf, auprès de qui Bond se fait passer pour un écrivain qui prépare un roman sur les contrebandiers grecs – ou à suivre au bout du monde une violoncelliste virtuose qui ne quitte jamais son Stradivarius et rêve de jouer pour lui au Carnegie Hall de New York City.

Avec James Bond se dessine le portrait d'un dandy charmeur, d'un libertin hédoniste et d'un aventurier jouisseur.

Cherchant à obtenir les faveurs des *James Bond women*, le séducteur, qui affiche la liberté comme principe de vie, prend les traits de l'agent secret. Son mode d'existence correspond à la description faite par Baudelaire, dans la synthèse finale du *Peintre de la vie moderne* : ni sentimental, « le dandy ne vise pas à l'amour », ni cupide, « le dandy n'aspire pas à l'argent », il est d'abord un individu singulier. « C'est avant tout le besoin ardent de se faire une originalité » qui le caractérise, précise Baudelaire. Ce qui fait de James Bond un espion à part, unique et hors norme.

En ce qui concerne son caractère et sa personnalité, conclut Baudelaire, « un dandy peut être un homme blasé, peut être un homme souffrant. » C'est bien le cas chez 007 : sa psychologie le montre tantôt perturbé tantôt insensible, soit tourmenté par une souffrance personnelle, soit marqué par une forme de détachement, d'absence et de distance. Mais, comme le précise encore Baudelaire, le dandy a « cette attitude de caste provocante, même dans sa froideur ». Il faut souligner que cette froideur, qui masque en réalité une profonde détresse, est bien présente, dans l'interprétation de Bond, par le jeu de Daniel Craig notamment : sa licence le lui autorisant, l'agent secret est un tueur au sang-froid. Baudelaire a raison : « Le caractère de beauté du dandy consiste surtout dans l'air froid qui vient de l'inébranlable résolution de ne pas être ému. » Froid et sans émotion, Bond ne l'est pas complètement, mais il est capable de l'être lorsque la situation l'exige. Lors de la scène d'ouverture de *Casino Royale*, filmée en noir et blanc, au milieu des brumes, dans un style rétro, pour évoquer un lointain souvenir et un retour aux sources, Bond obtient son matricule « 00 » à Prague, en République tchèque. Les deux premières cibles officielles de Bond sont Fisher et Dryden, deux traîtres du MI6. Il élimine le premier « péniblement », le second « extrêmement » et, dans les deux cas, fait preuve d'un calme, d'une maîtrise et d'un aplomb qui justifient pleinement sa récente autorisation à tuer.

Le meilleur dandy qui soit, conclut Baudelaire, n'est ni français ni italien, mais bel et bien anglais. En effet, pour le poète, le maître des élégances et l'arbitre de la mode ne peut être qu'un Anglais. C'est donc à nouveau de 007 dont il s'agit, lorsque Baudelaire écrit : « Les dandies se font chez nous de plus en plus rares, tandis que chez nos voisins, en Angleterre, l'état social et la Constitution laisseront longtemps encore une place aux héritiers de Sheridan, de Brummell et de Byron, si toutefois il s'en présente qui en soient dignes. » À n'en pas douter, 007 en est « digne ». Il s'affirme comme un digne héritier du dandysme le plus radical et du libertinage le plus profond.

Sur le plan du désir, l'érotisme occupe la part principale des relations masculines et féminines, à l'image de la sexualité sauvage, sensuelle et même violente de Bond avec la maléfique Xenia Sergueievna Onatopp. Cruelle et tueuse, cette Géorgienne est une ancienne pilote d'hélicoptère de l'URSS, soupçonnée, dès le début de *GoldenEye,* de liens avec la mafia de l'organisation « Janus » de Saint-Pétersbourg. Lors de leur rencontre à Monte-Carlo, Bond lui dit, par défi sexuel : « Nous avons les mêmes passions, trois du moins. » Puis il précise : « J'en compte deux : la course automobile et le baccara. » Avec Onatopp, le sexe ne devient plus une partie de plaisir mais une torture de l'adversaire, ce que Bond refuse lors de leur séance érotique dans le sauna d'un hôtel de Saint-Pétersbourg.

Si, en général, Bond cède facilement à ses pulsions sexuelles, recherche-t-il uniquement le plaisir érotique dans la relation avec les femmes ? Que veut-il vraiment ? Après qui ou quoi Bond court-il ? La quête de la jouissance pure, entre raffinement et hédonisme, n'est peut-être qu'une apparence. Et si Bond sublimait l'érotisme pour au contraire autre chose ? Si l'on y regarde de plus près, l'agent 007 est à la recherche permanente de ce qu'on appellera dans ce chapitre le « surmariage ».

Nous nous sommes tant aimés

Si un agent secret est défini généralement par son absence de lien interpersonnel, ni affect ni empathie, 007 est l'exact contraire : romantique, vulnérable, sensible, il s'implique personnellement dans le couple et cherche à s'installer dans une relation de longue durée. Alors l'on s'interroge : l'apparent séducteur cacherait-il en réalité un amoureux authentique ? Derrière l'hédonisme peut-il se cacher une figure néoromantique et post-sentimentale ?

À travers ses conquêtes érotiques, Bond serait en quête de l'union absolue et de l'amour idéal. L'amour, le vrai, celui que l'on éprouve avec une seule femme, pour laquelle on est éperdument amoureux. En lieu et place d'une saga basée sur les jeux érotiques du marivaudage, la série des James Bond serait d'abord et avant tout une comédie du « surmariage », dans la lignée des romances américaines d'Hollywood des années trente. Comme on dit parfois « surmenage », ou que l'on parle de « surfacture », James Bond est régulièrement candidat au « surmariage ». Chaque projet de séduction ou de conquête serait non pas une réponse au seul désir érotique, mais la quête d'une union véritable, faite pour durer toute la vie, recherchée par le héros.

Miracle à Londres ou mariage à l'anglaise ? On ne pourrait que lui souhaiter de vivre un conte de fée éternel, mais le destin ne l'en a pas tout à fait décidé ainsi : plus James Bond se rapproche du bonheur, plus il lui échappe. Il est en réalité attiré par le mariage, qui se refuse désespérément à lui. Régulièrement soumis à la perte de la femme aimée, épouse véritable ou sur le point de l'être, 007 est marqué à vif dans sa chair, il est un individu en souffrance. Sa relation amoureuse est celle des amants diaboliques qui ne peuvent pas vivre heureux et sont détruits, dévastés. À travers les aventures de 007, c'est la quête d'un amour impossible.

Le mariage se présente ici toujours comme un désir inaccessible. Ce rêve hante chaque film et poursuit toute relation que 007 entretient avec une femme. Il faut alors parler de « surmariage » : puisqu'il lui est impossible, le mariage se transforme en obsession, hantise, désir, folie ou fantasme. Ce surinvestissement est la clé explicative des films de la saga. Car le polar d'espionnage ne se décline pas ici en simple phénomène d'action visuelle et spectaculaire, ou en une série d'aventures incroyables et de scènes à couper le souffle. Non, le film de services secrets devient bel et bien un mélodrame romantique.

Tel est son nouveau secret, le but recherché par James Bond n'est pas le marivaudage des corps ou le batifolage pluri-sexuel, mais le souhait, le vœu de noces monogames. En vérité, James Bond est obnubilé par l'engagement sacré, et, comme tout idéal impossible, le mariage devient, au fur et à mesure des films, un mélange de fantasme et de simulacre. Pour l'espion, qui évolue dans un monde où le danger et la mort sont permanents, l'idée d'épousailles ne peut se vivre que dans l'espace interstitiel du rêve. Le « surmariage », défini comme utopie et pure image, est un fantasme surplombant la saga. La bénédiction de l'union du couple obsède le héros.

Dans *James Bond contre Docteur No*, l'apparition d'Honey Rider, pêcheuse de coquillages dont le père biologiste et océanographe a été tué par le Docteur No, séduit immédiatement 007 et déclenche aussitôt son fantasme matrimonial. Mais le simulacre de l'amazone ou naïade qui sort de l'eau turquoise sur une plage des Caraïbes, est-ce un rêve ou une réalité ? Pour le spectateur également, la déesse de la féminité ou la nymphe aquatique qui prend l'apparence de cette nageuse-plongeuse est un fantasme. Bond, lui, assiste à la scène un peu en retrait. Il ne peut que rêver l'apparition : il sublime cette épiphanie, la désire et l'imagine. D'ailleurs, à l'écran, le héros ne peut qu'entrer dans la scène sur l'air d'une chanson : osant à peine interrompre la baigneuse, 007 se met à reprendre la ritournelle *Under the Mango Tree* , que fredonne Honey Rider sortie de l'eau. Oui, la rencontre des deux amants commence comme une comédie musicale, véritable romance hollywoodienne.

Aux yeux de James Bond fasciné par le spectacle de la beauté, Honey Rider incarne une pure image, presque irréelle et inaccessible, de la féminité. Malgré ce désir impossible, une scène montre la complicité amoureuse et le lien sensible entre Bond et celle qu'il vient de rencontrer sur la plage interdite, bien décidée à se venger de Docteur No. La lecture philoscopique de la scène y détecte un mariage rêvé et imaginé : lorsque Sœur Rose et Sœur Lilly invitent les deux prisonniers à revêtir une tenue chinoise appropriée pour le dîner, l'héroïne confie au jeune homme qui l'accompagne : « Vos mains sont moites. Comme les miennes. » Alors Bond lui répond : « Oui, j'ai peur moi aussi. » Ce rapprochement annonce la création du couple amoureux, fondé sur la complicité et la réciprocité, capable de partager des émotions et sensations communes. Mais avoir ensemble les mains moites, n'est-ce pas aussi un état émotionnel et physique que l'on ressent, au moment de se présenter à deux devant l'autel pour célébrer l'union entre des êtres qui s'aiment ? La moiteur des mains peut être vue comme une forme annonciatrice du mariage, alors que la situation effective est très différente. Régulièrement, dans la saga, la fin du film prend la forme d'un voyage de noces : Rider et Bond réussissent à s'enfuir grâce à une petite barque à moteur, avant une panne sèche au milieu de l'océan et un remorquage par la navette militaire de la police maritime des États-Unis sur laquelle se trouve Félix Leiter. L'*happy end*, « Ils se marièrent, vécurent heureux et eurent beaucoup d'enfants », n'est qu'un rêve supposé et imaginé par le spectateur, une fois l'écran éteint. Un fantasme de « surmariage », à nouveau.

Héros romantique de plein gré ou malgré lui, Bond n'est pas un simple coureur. Au contraire, l'idylle romantique s'inscrit régulièrement dans ses aventures. Chaque film pourrait se conclure par des fiançailles ou des épousailles.

Dans *Bons baisers de Russie*, le fantasme du mariage se précise et devient un peu plus réel, mais reste un « surmariage », c'est-à-dire une fiction aux yeux des personnages eux-mêmes. En effet si, davantage que dans *James Bond contre Docteur No*, l'on passe du fantasme à une quasi-réalité, l'union entre l'agent britannique et la caporale russe n'en reste pas moins fictive. La comédie romantique du « surmariage » n'est qu'un jeu pour mieux s'approprier un décodeur que convoite l'organisation Spectre. Tatiana Romanova et James Bond imaginent se passer la bague au doigt afin de se faire passer pour un couple d'Anglais, Caroline et David Somerset.

La hantise du désir est forte dans ce film dont l'action se déroule dans les Balkans, en particulier dans la ville d'Istanbul, ville rêvée de l'espionnage, cosmopolite et pleine de mystères, où l'on croise soviétiques, Américains, Bulgares, Britanniques, etc. D'ailleurs, le modèle de ce second volet des aventures cinématographiques de 007, qui date de 1963, est le film *Vertigo*, d'Alfred Hitchcock, sorti sur les écrans en 1958.

Dans les deux cas, le décor urbain y joue un rôle essentiel, filmé dans un climat surréel, une ambiance mystérieuse et rêveuse : San Francisco pour *Vertigo*, Istanbul pour *Bons baisers de Russie*. Ainsi dans la scène de la saga qui se déroule à l'intérieur de la basilique chrétienne Sainte-Sophie. Fixant la coupole qui culmine à cinquante-cinq mètres au-dessus du sol, la caméra de *Bons baisers de Russie* capte le gigantisme et le vide du lieu sacré, où les individus paraissent minuscules et lointains. Seule y résonne la voix du guide. Hitchcock filme lui aussi le lieu urbain, pour en saisir l'espace-temps visuel et onirique, dans sa solennité et son éternité. Ainsi, dans *Vertigo*, le Golden Gate Bridge, le Lincoln Park ou le Legion of Honor Museum. Le couple des deux amants James Bond et Tatiana

Romanova ressemble, à s'y méprendre, au duo hitchcockien formé par Kim Novak et James Stewart dans cette fable cinématographique qu'est *Vertigo*. Le « surmariage » dans l'un, les thèmes du fantasme, de la hantise, de l'illusion et du simulacre dans l'autre. Enfin, on ne peut que remarquer qu'un autre film d'Hitchcock sert de référence à *Bons baisers de Russie* : la célèbre course-poursuite entre Cary Grant et un avion, sur un terrain désert, dans *North by Northwest* en 1959 inspire la scène où 007 est traqué par un hélicoptère, près des côtes d'Istrie.

Mais, pour Bond, la comédie romantique devient un mélodrame tragique : alors que le « surmariage » est généralement fictif, pour servir de couverture aux espions, Bond se prête volontiers au jeu, et la rupture des fiançailles devient pour lui une souffrance : dans *On ne vit que deux fois*, Bond file le parfait amour avec Aki, des services secrets japonais. 007 espère de Tigre Tanaka l'accord pour que son espionne se marie avec lui pour les besoins d'une mission. Hélas, non seulement Aki se voit refuser le rôle mais elle meurt pendant sa nuit d'amour avec Bond : alors que des gouttes de poison coulent le long d'un fil suspendu par un agent du Spectre au-dessus de leur couche, afin de tuer 007, Aki se tourne vers son amant et avale le poison dans son sommeil. Malgré le chagrin, Bond continue sa mission et joue le rôle de l'époux japonais de Kissy Suzuki, pendant la cérémonie traditionnelle du mariage dans un temple, suivie d'une lune de miel sur la petite île Matsu où vivent des pêcheurs.

Bien sûr, toute la saga James Bond est construite sur la perte tragique et douloureuse de la comtesse Teresa Di Vincenzo. Dans *Au service secret de Sa Majesté*, Bond épouse la fille du chef du syndicat du crime corse Marc-Ange Draco. Dans ce film, unique à bien des égards, le « surmariage » occupe une place importante dans l'intrigue, avant la cérémonie du mariage qui a lieu à la fin. Dès le début, lors de leur première rencontre sur la plage, la relation entre Teresa et James est une romance de conte de fée. Après l'avoir sauvée des griffes de deux assassins à sa poursuite, et alors qu'elle disparaît en voiture, Bond se retrouve seul sur la plage, avec uniquement la paire de chaussures abandonnée par Teresa. Image classique du prince charmant et de la princesse en détresse. Ensuite, à la table de jeu du casino, alors que Teresa vient de perdre sa partie de cartes, Bond rappelle au croupier qu'il fait équipe avec elle et accepte de payer les dettes de celle qu'il ne connaît pas encore vraiment. « Pourquoi vous évertuez-vous à me secourir ? », demande la jeune femme. James Bond lui répond : « C'est devenu une manie chez moi, comtesse Teresa. » Et l'intimité s'installe entre eux deux : « Teresa était une sainte, dit-elle, appelez-moi Tracy. »

Les figures classiques du romantisme et de la galanterie un peu désuète sont à l'honneur dans *Au service secret de Sa Majesté* : Bond fait la cour auprès de « Tracy », au bord d'une fontaine, entourée de petits oiseaux rieurs et d'un chaton noir. Les deux amoureux se touchent à peine la main, mais échangent regards et conversations pendant de longs moments intimes et timides : promenade à cheval, déambulation buco-lique au milieu d'un jardin entouré de statues gréco-romaines. Main dans la main, tête à tête romantique, escapade sur la plage au coucher du soleil, shopping en ville et flânerie devant un bijoutier, promenade au zoo et jeu avec les animaux, Bond est un soupirant attentionné, galant et tendre.

Une scène typique de ce romantisme *new age* a lieu lors d'un trajet en voiture, dans le coupé Rolls-Royce Silver Shadow Drophead de Marc-Ange Draco. Les trois personnages sont à l'arrière. Au milieu de la banquette, le père, un peu bougon et têtu, mais bienveillant, tourne alternativement la tête de droite à gauche, regardant successivement son gendre et sa fille qui, eux, ne se quittent pas des yeux : ils ne parlent pas, mais s'échangent par le regard des mots d'amour. Ils se sourient, ils s'aiment. À cet instant précis, le spectateur assiste presque à une sorte de remake : le regard complice d'adolescents entre les deux jeunes amoureux, qui entourent le paternel, rappelle une scène de *Charade* de Stanley Donen, film de 1963, alors qu'*Au service secret de Sa Majesté* date de 1969 : Georges Lazenby ressemble à Cary Grant, Diana Rigg a les traits d'Audrey Hepburn, Madame Lampert dans *Charade*, et Marc-Ange Draco, joué par Gabriele Ferzetti, a des faux-airs de l'acteur Walter Matthau.

Une autre scène romantique montre James Bond prêt à franchir le pas et à arrêter son métier d'agent secret pour se marier. À cause d'une tempête de neige, encerclés par les intempéries, Bond et Tracy trouvent refuge dans une ferme, une étable avec du foin, de la paille, des animaux. « Je pense à nous », dit alors 007. Mais « un agent secret ne peut être qu'un homme seul », précise-t-il, le regard perdu au loin, tandis que Tracy baisse les yeux et que les visages se touchent à peine. « Je devrais changer de métier, je vous aime, vous êtes la femme de ma vie. Voulez-vous m'épouser ? », déclare Bond. « M et Mme James Bond », ajoute-t-il. Et Tracy de s'imaginer déjà s'installer dans un joli cottage : « Acacia Avenue, Tunbridge Wells. » Mais Bond voit plus loin : « Belgrave Square, ou Paris, Monaco, Rome, ou cette grange ! »

Lors de leur mariage en costume traditionnel, dans la propriété portugaise du père de la mariée, les malfrats du parrain corse côtoient l'équipe du MI6, Moneypenny, M et Q. Plus romantique que jamais, Bond coupe le gâteau, cite de la poésie et lance son chapeau à la secrétaire du MI6, émue jusqu'aux larmes. Le « surmariage » disparaît un instant : le fantasme a laissé place à la réalité, même si, à peine partis en voiture « Just married », les deux jeunes époux envisagent d'avoir trois filles et trois garçons. « Nous avons toute l'éternité devant nous ! », s'exclame un héros enfin libéré de ses angoisses et de ses peurs. Mais la balle qui tue alors Madame Bond, tirée de la voiture conduite par Ernst Stavro Blofeld, laisse un homme seul au bord de la route, effondré, désespéré, serrant la main de sa femme bien-aimée et pleurant derrière le voile qui cache leurs visages.

Bond est inconsolable de la mort de Tracy. De nombreux épisodes évoquent ce deuil impossible. 007 ne sera plus jamais le même : à l'ouverture du film *Rien que pour vos yeux*, James

Bond se recueille sur la tombe de sa femme et lui apporte une brassée de roses rouges. Sur la tombe, on peut lire l'épitaphe funèbre suivante : « Terasa Bond, 1943-1969. Beloved wife of James Bond. We have all the time in the world. » Il pleure alors sa chère défunte.

007 essaye parfois de retrouver des instants romantiques, lors de délicieuses promenades de « surmariage » en calèche, sous la neige en compagnie de Melina Haveloch à Cortina d'Ampezzo dans *Rien que pour vos yeux* – « Amore, amore » leur chante joyeusement le cocher –, ou avec la violoncelliste tchèque Kara Milovy dans les rues ensoleillées de Vienne, saluant de la main les artistes et musiciens de rue. Mais il reste désormais profondément meurtri et insensible au bonheur. Dans *Permis de tuer*, après le mariage de ses amis, pensant à sa chère et tendre épouse assassinée, Bond reste seul et refuse le cadeau offert par Della Leiter qui interroge son mari sur ce refus. Félix Leiter lui répond : « Il a été marié, il y a long-temps. » Dans *GoldenEye*, son ancien ami Alec Trevelyan et collègue 006 au MI6, devenu ensuite le terroriste Janus, rappelle cruellement à Bond sa faille la plus profonde : « Je ne te demande pas si toutes les femmes qui t'ouvrent leurs bras te font oublier celle que tu n'as pas su protéger. » Cette remarque, faite dans le but de blesser Bond au cœur et d'ac-centuer encore sa culpabilité maladive, renforce le lien entre l'érotisme de surface et le romantisme de profondeur.

Cette intime souffrance et cette douleur permanente, comme une blessure insurmontable, sont également ressenties par Bond dans *Casino Royale* à la mort de Vesper Lynd, pour qui il voue un amour sincère et absolu au point de démissionner du MI6. Pourtant, la romance entre les deux amants commence là aussi comme un conte de fée. En convalescence devant un lac, Bond se confie à l'officier de liaison du Trésor et responsable du *Financial Action Task Force* : « Je n'ai plus d'armure, tu l'as arrachée. Quoi qu'il reste de moi, je t'appartiens. » S'embrassant sous la pluie comme deux jeunes amoureux, allongés sur la plage au soleil ou dérivant vers l'inconnu sur un voilier, Vesper et 007 partagent un amour parfait. À bord du bateau le *Spirit*, la jeune femme prend le gouvernail tandis que l'homme écrit à M pour lui donner sa démission « avec effet immédiat ». Arrivé à Venise, le couple ne manque aucune attention délicate l'un envers l'autre. Le « surmariage » a déjà investi leur relation : pour ne pas être une femme entretenue, Vesper annonce à son fiancé qu'elle veut aller sur le champ à la banque. « Je tiens à payer la moitié de nos vagabondages. », dit-elle. Elle le secoue hors du lit en lui lançant un coussin : « Allez ! Je m'occupe de l'argent, tu t'occupes des provisions. » À nouveau le « surmariage », fantasme pur, semble mener à un mariage bel et bien réel tant la relation entre les deux amants ressemble à celle d'un couple normal, qui partage l'argent du ménage et les décisions du foyer. Mais cette quasi-réalité est de courte durée : la mort de Vesper Lynd, noyée à la suite de l'effondrement d'un palais vénitien, est un déchirement. La mystérieuse et ténébreuse femme meurt sous l'eau, enfermée dans le monte-charge. Le mélodrame et la tragédie confortent Bond dans cette obsession d'un besoin vital de se marier. Inconsolable et poursuivi par ses propres angoisses et démons intérieurs, Bond est un homme seul. Aucune femme ne pourra jamais lui apporter le bonheur. Aucune, vraiment ?

Miracle à Londres

Seule figure féminine avec qui l'amoureux transi n'osera jamais sauter le pas, ni lui déclarer sa flamme, Eve Moneypenny est pourtant la femme de sa vie. Si Miss Moneypenny a droit à un simple « Ciao » dans *James Bond contre Docteur No*, la tendresse est de rigueur dans *Bons baisers de Russie* : « Ah, le Bosphore au clair de lune… », soupire Bond, joue contre joue, avec la secrétaire de M au MI6. « Emmenez-moi un jour ! », lui dit-elle. « Comme femme de ma vie, je ne reconnais que vous », déclare alors 007. Fil souterrain de l'intrigue bondienne, le dialogue entre Moneypenny et Bond se poursuit en toute indépendance, de film en film. Une intimité secrète se noue peu à peu entre eux, dans l'antichambre de l'intrigue et de l'action : le bureau de Moneypenny, situé juste avant celui de M, à la fois spatialement et temporellement. C'est un lieu clos, fermé et discret, à l'abri des regards et idéal pour se faire la cour. Protégé par cette cloison privée qui le sépare du reste du monde, Bond est lui-même, authentique. Auprès de Miss Moneypenny, il laisse au vestiaire la panoplie du dandy séducteur pour devenir un homme simple, délicat et attentionné. Et, à la déclaration de Bond, prononcée dans *Bons baisers de Russie* avec humour et sur le ton du flirt, Moneypenny semble répondre dans *Goldfinger* : « L'or que je connais, c'est celui qu'on porte à l'annulaire. », annonce Moneypenny, qui précise : « Venez dîner chez moi, au menu : coq en pâte. »

Si le dîner n'a pas lieu, la discussion n'est jamais interrompue entre les deux personnages de 1962 à 2020 : dans *On ne vit que deux fois*, la collègue de Bond l'exerce à prononcer le mot de passe pour sa future mission au Japon : « Vous le direz sans difficultés : « I love you. » Veuillez me le répéter à haute voix ! » Si la séduction est de mise, Bond peut compter sur Moneypenny dans les coups durs. Si elle lui reproche de ne pas même lui envoyer une carte postale, dans *Au service secret de Sa Majesté*, quelques instants plus tard, alors que M vient de lui retirer l'opération Bedlam, Bond dicte avec rage à Moneypenny sa lettre de démission. Mais la secrétaire, sans le prévenir, remplace « démission » par « demande de quinze jours de permission ».

La joute verbale, jubilatoire et séductrice, semble créer au fur et à mesure des aventures un attachement particulier et une complicité unique. Le spectateur lui-même n'est-il pas sous le charme de ce batifolage récréatif et de cet enfantillage de vacances ? La régularité de leur relation apporte à Bond une stabilité bénéfique et à Moneypenny un divertissement momentané. Faut-il y voir autre chose ? Lorsqu'elle lui tend le faux passeport au nom de Peter Franks pour suivre la piste d'un trafic diamantaire, dans *Les diamants sont éternels*, Bond lui lance une petite pique amicale connaissant sans doute déjà sa réaction : « Que puis-je vous ramener de Hollande ? » Elle saisit la balle au bond : « Un diamant ? Sur une bague ? », mais Bond n'en reste pas là : « Et que diriez-vous d'une tulipe ! »

Tout en respectant ce rapport de complicité amoureuse ou de simple jeu, Moneypenny est cependant là pour épauler l'agent du MI6. Elle lui porte secours, dans des missions délicates, notamment par rapport à la hiérarchie de 007. Peu soucieux du protocole, Bond a le soutien de son amie qui, après avoir participé elle-même à un subterfuge dans *Vivre et laisser mourir*, ne manque pas de le lui rappeler celui-ci – « Au revoir James, ou devrais-je dire *ciao bello* ? » – alors que M est sur le point de découvrir l'espionne italienne « Mademoiselle Caruso » dans un placard de l'appartement londonien de 007.

Mais la tendresse sincère et l'attention délicate, comme lorsque Bond lui offre une rose blanche dans *Rien que pour vos yeux* et lui donne un léger baiser sur la joue, peuvent-elles mener les deux amis à une relation plus charnelle et sensuelle ? Dans *Tuer n'est pas jouer*, une invitation à venir écouter de la musique chez elle sème le trouble. Et lorsque 007 est introuvable dans *Permis de tuer*, la secrétaire de M s'inquiète. N'ayant pas de nouvelle de James Bond, elle commet cinq fautes d'orthographe sur la première page du document que M lui demande de rédiger. Plus sereine et directe, Moneypenny se moque des excès de 007 : « Je pourrais vous poursuivre pour harcèlement sexuel. », lui lance-t-elle dans *GoldenEye*, avant de lui faire un brin de morale dans *Demain ne meurt jamais* : « Queen and country James ! » Moneypenny a aussi du répondant et ne laisse pas Bond mener seul le jeu de séduction. « Vous m'avez ramené un souvenir de votre voyage ? Des chocolats ? Une bague de fiançailles ? », badine-t-elle pour le titiller, dans *Le monde ne suffit pas*, avant de jeter à la poubelle l'étui à cigare qu'il lui tend. Mais Bond en rajoute, pour ne pas perdre la main dans cette partie de face-à-face : « Moneypenny, c'est à l'image de notre relation, vous rejetez toutes mes avances. »

Le sexe vient combler ou interrompre un instant le jeu amoureux, sous forme de simulation virtuelle : à la fin de *Meurs un autre jour*, Moneypenny fantasme une relation érotique avec Bond à l'aide des lunettes tridimensionnelles du laboratoire de Q. Puis, dans *Skyfall*, si l'on suit l'ordre cinématographique, leur relation prend un autre tournant : Moneypenny, à l'origine agent de terrain, en mission à Istanbul pour récupérer la liste des agents doubles de l'OTAN infiltrés dans des organisations terroristes, tire involontairement sur Bond. Celui-ci affronte Patrice, le tueur de Silva, sur un train lancé à toute vitesse. La balle de Moneypenny touche Bond qui tombe à l'eau. Cette relation de terrain se prolonge et se renforce, malgré la blessure de 007 causée par sa collègue.

Une autre scène de *Skyfall* évoque, de manière sous-entendue, un « surmariage » rêvé entre les deux personnages. Venant rendre visite à sa chambre d'hôtel, Moneypenny remarque le rasoir traditionnel de barbier que possède 007.

Ce dernier en profite pour lui déclarer à demi-mot sa flamme : « Je fais certaines choses à l'ancienne. » Elle lui répond : « Les vieilles méthodes sont parfois les meilleures. » Parlent-ils ici d'espionnage ou de mariage, de travail ou de sentiment ? Peut-être tout simplement de la distinction entre rasoir à lame et rasoir électrique.

Le couple partage d'autres expériences inédites, par exemple lorsque Moneypenny accompagne Bond au casino de Macao. Face aux hommes de Silva, l'espion tombe dans une fosse remplie de dragons de Komodo. Moneypenny le tire alors de ce mauvais pas et aide 007 à se mettre hors de portée de ces féroces animaux. Et c'est Moneypenny encore qui remet à 007 un horrible petit bouledogue en porcelaine, drapé dans le drapeau britannique, cadeau de M inscrit dans son testament. Si Bond, dans *Spectre*, s'autorise à téléphoner en pleine nuit à Moneypenny, ou à lui demander d'être une taupe pour lui au sein du nouveau service de renseignements, fusion du MI5 et du MI6 coordonnée par Max Denbigh – que 007 décide d'appeler C par moquerie –, c'est que, la seule personne en qui l'agent James Bond a confiance, la seule personne sur qui il peut compter, en soixante ans d'aventures et d'actions, c'est bien Moneypenny, l'unique femme que Bond ait jamais aimée.

Elle possède donc l'élégance et la retenue, le charme et la distinction, le raffinement et la courtoisie. Et James Bond ne peut que la désirer sans jamais la posséder car elle restera toujours pour lui un fantasme inaccessible. Mais oui, mais c'est bien sûr ! Miss Moneypenny ne serait-elle pas, en réalité, la

Reine mère Élisabeth II d'Angleterre et du Commonwealth ? Cette révélation sensationnelle est un secret rudement bien gardé. L'amour entre Eve et James est, au final, un discours amoureux, fait de mots, de billets doux ou de paroles échangées. Cette relation verbale et non charnelle s'inscrit dans une longue tradition esthétique exprimant le désir contrarié. La complicité éternelle entre les deux agents du MI6 se trouve au croisement de trois genres littéraires : d'abord l'amour impossible et interdit, comme dans la passion entre Delphine d'Albémar et Léonce de Mondoville, chez Madame de Staël. Ensuite l'amour courtois et galant, à l'image des péripéties qui lient Érec et Énide, dans l'œuvre de Chrétien de Troyes. Enfin l'amour platonique et chaste, à la manière de Erika Ewald et du violoniste virtuose, jeune homme dont on ne sait pas le nom, dans la nouvelle de Stefan Zweig. Nouveau duo tel Roméo et Juliette, Eve et James se retrouvent ainsi au firmament des étoiles qui vivent un amour fou, fantasmé et irréalisable.

4. Du corps glorieux au corps spectral, la résurrection du fantôme

La perception du sensible permet de voir James Bond à partir de son corps et de sa chair. Une percée philoscopique à même la peau du héros permet de dégager une phénoménologie spectrale de son être-au-monde. Par-delà vie et mort, de quel type de survivance relève l'existence de 007 ? Comment aborder la plasticité de son enveloppe charnelle ? Autrement dit, James Bond est-il un super-héros classique, insensible aux effets du temps comme aux marques des coups ou de la violence sur son corps ?

La force est avec lui

À l'ère des super-héros, de nombreux hercules des temps modernes peuplent notre imaginaire. Certains sont dotés d'une puissance incroyable, à la manière des Titans ou des Asgardiens comme Thor. D'autres possèdent des ressources physiques insoupçonnées, comme Ethan Hunt et les membres de la Force Mission Impossible. D'autres enfin, dans cette course à l'exploit le plus spectaculaire, et peut-être pour se donner du courage ou avoir un « ancêtre » célèbre dans leur panthéon, portent dans leur nom les initiales bien connues d'un agent britannique, comme l'enquêteur de la cellule américaine anti-terroriste CTU Jack Bauer (*JB*) ou l'agent de la CIA Jason Bourne (*JB*). Dans tous les cas, indépendamment du patronyme, la surenchère d'invincibilité est de mise.

007 n'échappe pas à la règle. Son corps animal et bestial, son intelligence instinctive et ses réflexes rapides lui donnent un avantage certain sur ses adversaires. La force est, sans nul doute, avec lui. Mais de quelle énergie exactement notre héros est-il doté ? Ce qui fait la vitalité de James Bond, ce n'est pas précisément sa seule puissance physique, statique et tout en muscles. Au contraire, 007 déploie une esthétique de la virtuosité et une chorégraphie de l'agilité.

De ce point de vue, les films de la saga 007 forment un ballet métaphysique. Tel un faune flamboyant, surgi d'un bas-relief antique, James Bond possède la souplesse du félin et la vibration du Sphinx. Une manière d'énergie tourbillonnante dont seuls certains danseurs virtuoses sont capables. La cadence, la mesure, le rythme et le tempo se révèlent à travers lui. Cette forme d'énergie intérieure, vive et rapide, et cette redoutable capacité à s'adapter aux circonstances et aux événements, lui permettent de sortir des pièges les plus difficiles.

À ce titre, l'une des poursuites en course à pied les plus spectaculaires du cinéma se trouve dans *Skyfall*.

Si l'on assiste à un combat sauvage entre un cobra et une mangouste, la sauvagerie ne fait que se renforcer : sac au dos, le saboteur et fabricant de bombes nommé Mollaka est un *free-runner* et escaladeur hors pair. Grâce à la seule vitesse de ses jambes et à son équilibre corporel, il tente de semer 007 à travers un chantier et un immeuble en construction. Bousculant les ouvriers, il multiplie les sauts vertigineux et les ascensions périlleuses. James Bond n'est pas en reste : il grimpe, court, s'élance et gravit à la seule force de ses bras les grues et les ascenseurs. Sautant d'une plateforme à l'autre au-dessus du vide, il rattrape son adversaire et l'affronte à mains nues au sommet d'une grue. Réussissant à échapper à 007, Mollaka arpente les poutres du chantier pour atteindre la rue voisine. Toujours poursuivi par l'agent britannique, il tente de regagner l'ambassade de Nambutu à Madagascar. De son côté, Bond, suspendu à un câble, s'éjecte directement sur le trottoir et saute au-dessus des barbelés. Il entre dans l'ambassade, prend Mollaka en otage, et élimine une dizaine de gardes militaires de la sécurité diplomatique. James Bond fait preuve d'une force physique et mentale impressionnante, au service d'une course contre le temps. L'orchestration baroque de cette scène est époustouflante, permettant à 007 d'accéder au code « ELLIPSIS » sur le portable de son adversaire récupéré dans le sac à dos de son ennemi.

Déjà dans *James Bond contre Docteur No*, le héros fait preuve d'un sens aigu de l'improvisation face à l'imprévisible : dans les marécages, au milieu d'un fleuve, Bond, Quarrell et Honey Rider sont encerclés par des gardes armés et accompagnés de chiens. 007 a la vivacité d'esprit de couper rapidement du roseau, découvert par hasard dans les fougères, afin d'improviser des tiges permettant de respirer sous l'eau et de s'y cacher, se mettant lui-même, ainsi que ses amis, à l'abri.

Lorsqu'il affronte un colosse, 007 déploie une chorégraphie de boxeur agile ou de lutteur gréco-romain. Tendu, violenté, mouvementé et frappé, le corps réel est fortement sollicité. Tourbillonnant et virevoltant 007 est sur le ring. Le catcheur s'élance et lâche ses coups.

Sous forme de tête-à-tête, corps-à-corps ou face-à-face, les films de la saga 007 réinventent le duel moderne. Deux adversaires, l'un contre l'autre, prêt à tout pour surmonter, dépasser et déstabiliser leur opposant.

Le géant et mastodonte Hinx, homme de main de Franz Oberhauser – frère adoptif de James Bond qui n'est autre que Ernst Stavro Blofeld – affronte 007 dans le wagon restaurant et les cuisines d'un train les conduisant en plein désert au Sahara. Dans cette scène de *Spectre*, la violence des coups et la puissance des muscles détruisent quasiment le wagon. *In extremis*, Madeleine Swann et James Bond réussissent à nouer un nœud autour du cou massif de Hinx, et à attacher la corde à différents fûts et barriques afin de précipiter le tueur hors du dans le vide.

Face à une véritable « armoire à glaces », le tueur du Spectre Donald Grant dans *Bons baisers de Russie*, Bond doit également déployer une énergie intense et concentrée, tant l'espace de leur combat est réduit : la chambre d'un wagon-lit dans le train de l'Orient Express vers Trieste, après que Grant ait usurpé l'identité du capitaine Nash à Zagreb. 007 réussit à détourner son attention en déclenchant une cartouche lacrymogène. Mais le combat à mains nues dans le wagon amène Bond à étrangler son ennemi avec le cordon de sa montre, mettant un point final à un corps-à-corps éprouvant et violent.

Le corps de Bond est glorieux dans la mesure où il sublime l'environnement qui l'entoure pour prendre l'avantage. Enfermé dans une cage à barreau, même si cette cage est un coffre-fort géant, le sous-sol des réserves d'or de Fort Knox, Bond se retrouve face au muet et coriace tueur coréen Oddjob. Le combat entre les deux hommes est inégal, entre la masse corporelle d'un côté et l'agilité physique de l'autre. Bond s'empare de tout ce qu'il trouve autour de lui – barre en métal, lingot d'or – pour déstabiliser son adversaire. Mais, impassible, souriant même à son ennemi, Oddjob ne prend pas la peine d'esquiver les attaques. Les coups ne lui font rien, il ne ressent aucune douleur. Il marche, lentement, alors que Bond multiplie les mouvements et les tentatives. Fortement déséquilibré, le combat épique se retourne soudain. S'emparant du chapeau à bord métallique de son ennemi Bond vise mais rate Oddjob qui s'avance vers le couvre-chef afin de le récupérer. À cet instant précis 007 saisit un câble qui, posé contre les barreaux, électrocute alors Oddjob, provoquant par la même occasion un déluge de lumière, d'explosions et de feux d'artifice.

Il y a une jubilation immanente, pour le spectateur, d'observer James Bond en mauvaise posture, face à des êtres démesurés et hors norme par leur cruauté, par leur taille, par leur inhumanité. Se joue alors une lutte sans merci, mais qui est d'abord un spectacle antique dans un amphithéâtre grec. Le pré-générique de *Opération Tonnerre* met en scène 007 aux prises avec le colonel Jacques Bouvard, numéro 6 du Spectre, dans un corps-à-corps rude et éprouvant. Si le duel utilise ici de nombreuses pièces d'antiquité comme armes de combat, il se termine par un étranglement avec le manche d'un pique-feu, devant une ancienne cheminée. Chaque duel est un combat d'arène, chaque attaque est un affrontement face à un gladiateur. James Bond est une sorte d'« homme révolté », défini selon Albert Camus. Pour surmonter les pièges et vaincre ses ennemis, 007 n'a d'autre choix que d'engager un mouvement spontané pour dépasser sa condition, à l'image du héros antique Spartacus, l'esclave rebelle qui fit trembler la puissance de l'empire romain, organisation politique aussi redoutable que le Spectre. Bien que chaque héros ait son propre cri de guerre, 007 pourrait reprendre celui du gladiateur révolté, et dire, à la manière du regretté

Kirk Douglas qui l'incarna au cinéma dans le film de Stanley Kubrick : « I am Spartacus. »

Le combat physique est une habitude dans les duels corporels des films de la saga. Mais ce qui importe, au final, est la dimension spectaculaire du combat. Sans accessoire, ni masque ni cothurne : seul le corps est en jeu. Pris dans un entre-deux, le spectateur hésite et tâtonne, tiraillé entre l'ignoble cruauté et le divertissement merveilleux. L'univers de James Bond est celui de la fabulation homérique se terminant par le triomphe latin.

Si James Bond affronte les Titans les plus diaboliques, de Tee Hee à Stamper, véritables athlètes psychopathes, son pire adversaire, ou du moins l'un des ennemis de 007 parmi les plus indestructibles, est le géant d'environ deux mètres nommé Jaws. Quasiment invincible, sa mâchoire artificielle aux dents métalliques est mortelle. Sa première apparition fait froid dans le dos : il apparaît dans l'ombre d'une pyramide, sur le plateau de Gizeh en Égypte illuminé lors d'un spectacle de sons et lumières. Son ombre lui donne d'abord l'apparence d'une momie, à l'extérieur du tombeau de Khéops, puis celle d'un vampire lorsque, à l'intérieur de la salle des morts, il tue Aziz Fekkesh d'une morsure dans le cou. Plus tard, dans le même film, Jaws apparaît minuscule en arrière-plan d'un cadre large qui révèle l'immensité des colonnes d'un temple égyptien. Mais que l'on ne s'y trompe pas, Jaws est capable avec sa mâchoire de stopper ou de couper le câble d'une télécabine et d'affronter Bond, sur le toit d'un téléphérique, à Rio de Janeiro.

Chaque situation de combat et d'affrontement oblige 007 à se réinventer sans cesse. Il ne peut demeurer sur ses acquis et doit faire preuve d'un courage de plus en plus grand tant le danger se diversifie et se multiplie. Affronté à la colonelle Rosa Klebb, ancienne cheffe d'opérations du Smersh et devenue la numéro 3 du Spectre, Bond danse à la fois avec une bête fauve et un insecte mortel. Armé simplement d'une chaise, 007 tente de repousser la colonelle qui a sorti son dard, à savoir une lame empoisonnée au bout de sa chaussure. L'animal est violent, l'éperon infecté de venin risque à chaque coup de percer la jambe de Bond. Après avoir réussi à maîtriser la bête, 007 s'amuse un peu : « Elle dansait trop sur ses pointes. » Dans le train d'*Octopussy*, les jumeaux Mischka et Grishka sont des lanceurs de couteaux qui ont déjà assassiné un collègue de Bond, 009, à Berlin-Est. Ils affrontent 007 dans un duel épique. Un combat plus aérien oppose James Bond à Necros, tueur-caméléon – il se déguise en laitier, jogger ou docteur – et mélomane – il ne quitte jamais son walk-man, écoute toujours la même musique, et utilise le câble du casque de son baladeur audio pour étrangler ses victimes. Suspendus dans le vide et accrochés simplement à un filet au-dessus des montagnes afghanes, Bond et Necros se battent à l'arrière d'un avion en perdition et ouvert au vide. Pour se débarrasser de son adversaire, Bond coupe les lacets de sa propre chaussure, à laquelle s'accrochait son ennemi, envoyant alors Necros dans les limbes.

L'effort physique se redouble et s'accentue lors de spectaculaires cascades et virevoltes à ski, au moment de terribles poursuites dans la neige. Pris en chasse par des motoneiges Yamaha XJ 500 équipées de mitrailleuses, poursuivi par l'agent du KGB Erich Kriegler, Bond fait des prouesses afin de leur échapper. D'épisode en épisode, 007 multiplie les efforts dans des exercices à sensation, dignes d'une haute voltige à grande vitesse.

Parfois, Bond se retrouve face à des gymnastes aguerries. Il affronte des adversaires et sportives de niveau olympique, comme Bambi et Thumper, dans un combat où elles tentent de l'étrangler avec leurs jambes. Seul un corps souple et tout en mouvement peut venir à bout de ses ennemies lors de ce type d'affrontement. 007 doit travailler et entretenir son corps pour acquérir la souplesse et la dextérité acrobatiques nécessaires, afin de se sortir des griffes d'adversaires aussi coriaces que puissants.

En tenue d'aïkido, Chang, le tueur à gages d'Hugo Drax, est armé du *jo*, un bâton d'art martial et d'un *katana*, le sabre du samouraï. Il affronte violemment Bond dans le musée ancien du verrier Venini, à Venise, puis dans la Torre dell'Orologio de la ville. Alors que 007 porte dans sa poche un échantillon d'un gaz mortel qu'il veut faire analyser, contenu dans une simple éprouvette, le combat fait rage : protégé par un masque grillagé, Chang frappe avec force devant lui, sans faire attention à la précieuse porcelaine qui l'entoure. Bond essaye de protéger une coupe réalisée en 1520 et d'une valeur d'un million de dollars. Face à la lame tranchante de l'arme blanche de son adversaire, le *katana* japonais, Bond s'empare d'un sabre appartenant au général Menotti datant de la fin du XVIIIe siècle. Mais Bond est passé maître dans l'art du fleuret et de l'épée. Il montre également son habileté à l'escrime dans *Meurs un autre jour* : après un premier entraînement avec Verity, Bond affronte le meilleur fleuret du club londonien, Gustav Graves, à mille livres la touche. « En garde ! », annonce alors Bond, en français, avant de parier l'issue du combat avec des diamants cubains.

Autre lieu, autre scène, autre adversaire. Dans les rues bondées de New Delhi, lors d'une poursuite en taxi *tuk-tuk*, Gobinda tente de tuer Bond avec un tromblon, après avoir fait une démonstration de sa force physique lors d'une partie de backgammon entre l'espion et le prince afghan Kamal Khan : Gobinda est un grand sikh en costume traditionnel et turban. Fixant Bond droit dans les jeux il écrase, par la force de sa seule main, les dés pipés de la partie. Dans une scène épique époustouflante, Bond affronte Gobinda à mains nues lors d'un combat aérien. À plusieurs dizaines de mètres d'altitude, les deux hommes se battent sur le toit d'un avion Beech 18 lancé à pleine vitesse.

N'ayant pas que des êtres humains pour adversaires, James Bond affronte aussi un bestiaire redoutable, parfois imaginaire (le dragon de l'île du Docteur No, qui effraie tant la population, avec son souffle brûlant et ses yeux brillants – il s'agit en réalité d'une machine à moteur diesel et phares aveuglants), mais la plupart du temps réel et dangereux. De la veuve noire, araignée au venin mortel qui remonte le long de sa jambe dans *James Bond contre Docteur No*, au scorpion sur son bras pendant qu'il boit cul sec dans un bar dans *Skyfall*, les animaux sont des défis à la force herculéenne de 007. Face aux requins dans la propriété de Palmyra d' Émilio Largo ; face au vieil Albert, le crocodile qui a emporté le bras droit de Tee Hee – « Bien joué Albert ! », lance alors Bond à la cantonade – et ses congénères les alligators du bayou de Louisiane ; sous l'eau contre un anaconda vert gigantesque à l'entrée d'un temple inca, au bout de la rivière Tipararé, dans la zone de l'Amazoco ; face à la pieuvre symbolique, emblème de l'organisation Spectre.

Mais parfois James Bond est lui-même déguisé en animal : avec un faux oiseau marin sur la tête, alors qu'il nage en scaphandre et combinaison pour faire sauter la raffinerie de drogue de Ramirez, dans *Goldfinger* ; ou se déplaçant en faux crocodile dans l'eau, pour arriver jusqu'au palais flottant d'*Octopussy*.

007 est un homme dont le corps est malmené et soumis à de rudes épreuves. Drogué, étouffé, asphyxié, brûlé ou enchaîné, 007 survit et surmonte les pires situations. De nombreuses scènes de la saga montrent un héros exposé à la torture mentale et physique. Il est victime d'atroces souffrances. Soumis au rayon laser de Goldfinger, filtre lumineux capable de fendre du bois ou du métal, Bond doit faire preuve d'un sang-froid impressionnant et d'un bluff efficace pour convaincre son ennemi de stopper sa machine infernale, de laisser 007 en vie et de le retenir comme précieux otage.

À la tour de Léandre ou tour de la Vierge à Istanbul, Elektra King veut s'amuser à torturer son prisonnier. Elle attache 007 sur une antique chaise de torture, véritable machine infernale et appareil d'étranglement. « Tu ne trouves pas que les traditions se perdent ? », lui dit-elle, par jeu cruel et par sadisme. Mais la plus longue torture infligée à l'agent britannique est celle qu'il subit lors de sa capture pendant quatorze mois, dans les geôles nord-coréennes. Sur la côte de Pukch'ŏng, Bond, cheveux longs et barbe hirsute, continue de plaisanter face à ses bourreaux et tortionnaires. « Parlez-en à mon concierge ! », leur répond-il.

Faisant preuve d'une maîtrise hors du commun et d'un calme à toute épreuve, Bond subit les pires traitements, brutalités, outrages et sévices. Serait-il insensible à la douleur ? Dans un cachot sombre, il est capable de rire au moment où Le Chiffre le torture avec une cruauté infinie. Comment fait-il pour résister à une telle violence infligée ? Entièrement nu, attaché et enchaîné à une chaise, Bond est malmené par le tueur, qui frappe ses parties génitales avec un nœud de corde. Bond hurle, souffre, gémit et se débat de toutes ses forces, face à un être malsain et pervers. Le Chiffre ne quitte pas son inhalateur. Il porte une cicatrice à l'œil gauche et un dérèglement des glandes lacrymales le fait pleurer du sang. Sans éprouver aucune compassion pour sa victime, Le Chiffre torture physiquement 007 pour obtenir les mots de passe qui lui permettront de récupérer l'argent gagné au casino par l'espion. Ce dernier trouve la force de résister à son bourreau. Il lui lance un trait d'humour : « Le monde entier saura que vous êtes mort en me grattant les couilles ! »

Une autre scène de torture montre Bond attaché sur une chaise, les poignets enserrés par une sangle. Devant Madeleine Swann prisonnière qui assiste à la séance, Franz Oberhauser révèle à 007 qu'il est le chef d'une organisation terroriste mondiale appelée « Spectre » et qu'il s'appelle Ernst Stavro Blofeld. Le chat angora monte sur les genoux de Bond qui subit une torture d'abord mentale : Blofeld lui révèle qu'il est l'assassin de son père adoptif. Le père de Blofeld a adopté le jeune orphelin James Bond et l'a aidé à surmonter la disparition de ses parents, morts dans un accident d'alpinisme. Il lui a appris à skier, escalader et chasser. Mais Blofeld a tué son propre père, faisant croire à une avalanche en montagne, laissant à nouveau Bond sans famille.

Tout en racontant ces événements du passé, le chef du Spectre manipule un ordinateur, pour introduire une seringue ou aiguille dans le crâne de Bond, ce qui le fait hurler de douleur.

Comment alors un seul et même individu, 007, réussit-il à survivre à tant de violences ainsi qu'à surmonter tant de missions toutes plus dangereuses et périlleuses les unes que les autres ? Si son corps est ainsi malmené sans cesse, James Bond est-il un surhumain au sens de Nietzsche ? Ne faisant qu'un avec les organes de son corps, l'esprit du surhumain est capable d'intensifier son existence, de créer des valeurs nouvelles dans sa vie et de dépasser le nihilisme destructeur qui l'entoure.

Bond nietzschéen réussit à s'élever au-dessus de la brutalité et de la barbarie humaine afin de se surmonter soi-même.

Tel est le quatrième secret de James Bond : face à la mort qui le menace et l'atteint parfois, 007 semble revenir sans cesse du royaume des défunts. Tel un spectre ou un fantôme, mais porté par les valeurs du devenir, il incarne la pensée de l'éternel retour. Face à la spirale destructrice du nihilisme, dans le monde violent de l'espionnage, 007 fait de la répétition une volonté de revivre. « Vivre et laisser mourir », « Mourir » ne suffit pas et « Mourir » peut attendre : porté par une telle volonté de revivre, 007 fait de la répétition infinie de ses missions, signe de son retour et de sa résurrection, une pensée de l'amour. La vie contre la mort, l'affirmation contre la négation, le vouloir contre le désespoir. À chaque film, James Bond apparaît comme un nouvel Héraclès, Orphée ou Enée : il lance un défi aux Enfers, mais avec une particularité que ne possèdent pas les héros de la mythologie. Si 007 accepte de traverser le Tartare ou se montre prêt à franchir le Styx, il le fera en deltaplane ou en hors-bord.

D'ailleurs, pour Nietzsche, seul le nomade, l'aventurier ou l'explorateur est capable de vivre sans asservissement et d'affirmer un courage authentique pour surmonter toutes les épreuves. On a l'impression que Bond correspond à cette définition donnée par Nietzsche dans *Le gai savoir* : « Entraîné qu'il est à se tenir sur des cordes et même à danser jusque sur le bord des abîmes, un tel esprit serait l'esprit libre par excellence. »

Dead spy walking

« Regardez-le ! », annonce à ses collaborateurs Damian Falco, le chef de la NSA, en voyant surgir une ombre, comme une hallucination, « on dirait presque un héros. » Alors qu'il prononce ces mots, on distingue une silhouette qui s'avance dans la brume, sur le pont entre la Corée du Nord et la Corée du Sud, pour un échange entre deux prisonniers dans *Meurs un autre jour*. Tel un spectre aux cheveux longs et la barbe nourrie, vêtu de haillons, Bond est une forme indistincte qui apparaît lentement dans le brouillard. Mi-mort mi-vivant, il ressemble à un fantôme surgi d'outre-tombe et d'entre les morts. Elektra King a raison de lui poser cette question, dans *Le monde ne suffit pas* : « Comment fais-tu pour survivre ? » James Bond lui fait cette réponse nietzschéenne : « Je me délecte de la beauté du monde. »

Une des caractéristiques les plus étonnantes de la saga James Bond réside dans le fait que le héros connaît plusieurs enterrements, plusieurs morts et donc aussi plusieurs renaissances. Il n'est pas un super-héros mais un surhumain. S'il est un homme d'action et de terrain surentraîné, Bond est au final un être mortel, au sens propre du terme, voire un être mourant, mais capable de surmonter cette finitude et de dépasser cette contingence. Telle est la métaphysique de Bond, son ontologie profonde.

Combien de fois James Bond meurt-il avant de renaître de ses cendres ? Il connaît plusieurs décès, mais de nature différente, chacun marqué pourtant d'une pierre tombale. James Bond n'est pas un super-héros immortel, mais il meurt souvent et a donc neuf vies, comme le chat de Blofeld.

Sommes-nous victimes en tant que spectateurs d'une hallucination à l'écran, d'une vision subjective de l'image ? Figure ectoplasmique ou spectre corporel, Bond apparaît à notre regard philoscopique comme un être interstitiel, une figure du passage ou de l'intervalle, qui ne meurt jamais et ne vit alors jamais non plus, mais *survit* de manière irréelle. La prestidigitation semble un exercice cinématographique récurrent, un phénomène artistique capable de jouer sur l'onirisme de 007. Entre apparitions et disparitions, 007 est le phœnix de l'espionnage, l'oiseau de feu des services secrets.

Est-ce une esthétique du merveilleux ou du fantastique qui nous fait voir Bond mort partout et de nouveau vivant à chaque fois ? Il y a un trouble dans la matérialité de son corps qui de réel ou glorieux devient spectral ou fantomatique. Qu'est-ce que cela signifie ? Bond est un être du surgissement, de l'apparition, de la soudaineté. Sa temporalité n'est pas linéaire, mais cyclique. Son existence ne se construit pas sur la longévité, mais sur l'instantanéité.

Démoniaque et angélique, semi-défunt et semi-vivant, mi-reflet et mi-ombre, Bond vit entre deux mondes. Individu à la fois naturel et artificiel, la matérialité de son être n'est pas seulement faite de chair et de sang, mais elle semble d'un autre ordre : polymorphe, hybride, multiple, hétérogène et machinique. Figure fluide et translucide, 007 est une figure spectrale du MI6. S'il ne consomme que de la vodka Martini, carburant non officiellement homologué par le MI6, ce cocktail permet apparemment à Bond de fonctionner sans régulièrement recharger ses batteries.

Mais pourquoi affirmer que Bond meurt indéfiniment ? L'ensemble des films nous en donne la réponse.

Le pré-générique de *Bons baisers de Russie* suit Donald Grant, en pleine nuit dans le jardin d'une propriété aux statues antiques, sur l'île du Spectre. Il est sur le point d'assassiner quelqu'un. En moins de deux minutes il tue James Bond, avant que les lumières ne s'allument dans la propriété et que les spectateurs de la scène ne félicitent Grant d'avoir tué un faux James Bond. Même si la victime portait un masque qui avait le visage et les traits de 007, l'imposture et la supercherie ont pu faire illusion un instant.

L'illusion de la mort de Bond refait surface lors de la scène d'ouverture de *Opération Tonnerre* : le film s'ouvre sur une scène d'enterrement, qui nous fait croire à une mort, possible ou probable, de l'agent britannique. Une cérémonie religieuse a lieu dans une église. Un prêtre, entouré d'enfants de chœur, fait une prière autour d'un cercueil mortuaire sur lequel sont inscrites les initiales « JB ». Pendant quelques instants le spectateur imagine bien sûr que 007 est passé de vie à trépas, avant d'apercevoir le héros au balcon. Accompagné d'une responsable du Bureau français, Bond assiste en réalité à l'enterrement de Jacques Bouvard, responsable de la mort de deux de ses collègues du MI6. Un instant plus tard, une faute commise par Bouvard permet tout de suite à 007 de comprendre qu'il s'agit aussi d'un leurre : Bouvard n'est pas mort mais, déguisé en veuve noire, il porte le deuil de son propre enterrement. Bond vient de le démasquer.

On ne vit que deux fois s'ouvre sur l'assassinat de 007, tué dans son lit à Hong-Kong. En réalité, à nouveau une illusion : l'agent secret simule sa propre mort. Il n'a pas été tué, mais une mise en scène doit faire croire à sa funeste disparition : les funérailles de 007 sont annoncées à la Une des journaux. La presse en fait ses gros titres : « Un capitaine de frégate britannique assassiné. » Pour donner le change et maintenir cette fausse mort, l'enterrement a lieu en pleine mer, célébré depuis le navire *HMS Tenby*. Un discours en l'honneur du défunt héros est prononcé devant tous les marins. Le chant des morts résonne : « Les trompettes sonneront, et les morts ressusciteront. » Le corps jeté à l'eau, le cercueil aquatique est récupéré par deux plongeurs en tenue et en combinaison de scaphandrier, qui transportent le sarcophage humain vers une base secrète sous-marine du MI6. Une fois les bandelettes enlevées, Bond demande, avec humour : « Puis-je monter à bord ? » Et Moneypenny, présente, ajoute : « Toujours en retard James, même à votre propre enterrement. »

Dans *Au service secret de Sa Majesté* une scène particulièrement forte visuellement a lieu en pleine montagne. Blofeld et ses hommes déclenchent une terrible avalanche. Suite à la détonation de fusées explosives, un déluge de neige s'abat et emporte tout sur son passage : arbres arrachés, rochers éclatés, pierres déplacées. Lancés à pleine vitesse, les monceaux de poudre blanche engloutissent Tracy Di Vicenzo et James Bond qui disparaissent sous un nuage cataclysmique. Les deux corps semblent inertes, immobiles sous une tonne de neige. Satisfait, Blofeld conclut : « 007 est enfin descendu dans la tombe. » L'espion a-t-il été tué dans cette avalanche, comme le furent également ses parents ainsi que son père adoptif ? Le plan suivant montre James Bond dans le cadre d'une fenêtre. Il est à Londres, il ferme les yeux. Dans le cadre de cette fenêtre apparaît en superposition ou surimpression le mouvement du corps de Tracy, emporté par les hommes de Blofeld. Puis un coup de téléphone vient interrompre cette pensée triste et onirique. La mort est-elle rêvée, imaginée, ou a-t-elle réellement eu lieu ?

Dans *Les Diamants sont éternels*, 007 est sans cesse confronté à sa propre mort. D'abord à Amsterdam, où il se fait passer pour le diamantaire Peter Franks, consultant en transport de pierres précieuses. Mais, lorsqu'il croise le vrai Peter Franks dans la vieille cage d'ascenseur de l'immeuble hollandais de Tiffany Case, Bond finit par se débarrasser de ce double gênant. Mais, pour donner le change à la jeune femme et savoir où sont cachés les cinquante mille carats, 007 échange son portefeuille avec celui qu'il vient de refroidir. Tiffany Case s'exclame, en découvrant la fausse identité du cadavre : « Vous venez de tuer James Bond ! » Et 007 renchérit : « Comme quoi personne n'est indestructible. »

À Las Vegas, où il est arrivé, un peu plus loin dans le même film, Bond se rend aux pompes funèbres Morton Slumber afin de faire l'échange entre les diamants et l'argent. À l'intérieur du funérarium, le vitrail de cette église du Nevada est en forme de diamant. Mais Bond est assommé par Wint et Kidd. Les deux tueurs enferment le corps de l'espion inconscient dans un cercueil, afin de le brûler par crémation et de le réduire en cendres. Pris au piège, Bond se retrouve donc à son propre enterrement à Las Vegas, avant que le croque-mort n'arrête l'incinération : « Ces diamants sont faux ! », lui lance celui qui vient d'interrompre la transformation de Bond en poussière. 007 réagit immédiatement : « Ne dites rien, vous êtes Saint-Pierre ? »

À La Nouvelle-Orléans, dans *Vivre et laisser mourir* les vrais meurtres se multiplient à l'occasion de faux cortèges funéraires. Dans la rue, à deux reprises, sont assassinés des enquêteurs qui cherchent des pistes sur le mystérieux Docteur Kananga, Premier ministre de l'île caribéenne de San Monique. Tout en surveillant du coin de l'œil le restaurant Fillet of Soul, l'agent de liaison Hamilton demande qui on enterre en voyant passer devant lui, dans la rue, la famille en deuil et le *Brass Band* musical, jouant une marche funèbre pour le cérémonial mortuaire. Un des tueurs de Kananga lui répond : « Tes obsèques ! », avant de le tuer et de faire disparaître son cadavre dans le cercueil. Même fin tragique pour l'agent de la CIA Harold Strutter qui meurt de la même façon : le faux cortège funèbre devient le sien, au même endroit, peu de temps après. Mais Bond ? Assiste-t-il lui aussi à son propre enterrement ? Juste avant de détruire les hectares de champs de pavot cultivés par Kananga, grâce à des bombes incendiaires programmées, 007 vient délivrer Solitaire attachée à un poteau lors d'une cérémonie rituelle vaudou. Pendant la transe satanique et les danses endiablées, un des habitants de la population de San Monique pose un chapeau à plumes sur une tombe, et donne des coups de machette, pour appeler le Baron Samedi, homme-squelette et dieu des cimetières. À cet instant précis, le spectateur peut lire, sur la pierre tombale, le nom du mort : « In Loving Memory of James Brocket. » Ce James Brocket, « JB », n'est-ce pas là encore un double, un reflet de James Bond ?

Dans la salle d'entraînement de son île paradisiaque, Francisco Scaramanga a reconstitué une véritable fête foraine pour s'exercer au tir, avec des mannequins, des écrans virtuels et des fausses portes. Tout n'est qu'illusion et apparence dans ce labyrinthe ludique qui rappelle la célèbre scène dite du « Mirror Maze » du film *The Circus* de Charlie Chaplin en 1928. Lorsque Charlot est poursuivi, il se retrouve dans un corridor de miroirs où les corps sont reproduits à l'infini, comme dans l'esprit de la fête foraine de Scaramanga, où règnent le trompe-l'œil, l'artifice et le faux-semblant . L'ensemble de ce dispositif ludique est contrôlé sur ordinateur par son majordome Tric-Trac. Entre une figure de cire d'Al Capone, un squelette et de faux cow-boys de western dans un saloon, un miroir en trompe-l'œil et des panneaux lumineux, Tric-Trac a fait installer pour son maître une reproduction en taille réelle de l'agent secret 007. À la fin de son entraînement, le tireur professionnel vise et tire sur les quatre doigts de la main gauche de James Bond, ou plutôt de son double en cire. Comme si le héros était accompagné de l'image de son double. Une gémellité inégale toutefois : s'il y a deux Bond, l'un est fait de chair et d'os, l'autre est spectral et irréel.

Toujours dans *L'Homme au pistolet d'or*, M reçoit au bureau du MI6 une balle en or gravée du numéro 007. James Bond s'interroge : « Qui pourrait vouloir me tuer ? » Son patron des services secrets lui répond, avec une pointe de sarcasme : « Maris jaloux, cuisiniers vexés, tailleurs humiliés. » Mais, lorsque Bond sera face à Scaramanga, pour le duel final arbitré en français par Tric-Trac, 007 réussit à se jouer de la vigilance du tueur en se mettant à la place de sa propre statue, dans le manège morbide ou parc d'attractions de Scaramanga. Nez à nez avec son effigie grandeur nature, Bond se met à la place de sa reproduction. Il est donc plus vrai que nature. Dans le monde féérique du cinéma, tout n'est-il pas qu'illusion et décor, jeu de miroirs et carton-pâte, fausse image et vrai artifice ?

Simulée ou fantasmée, jouée ou annoncée, la mort de Bond est sur toutes les lèvres. Son ancien collègue 006 Alec Trevelyan devenu le terroriste Janus en fait déjà l'annonce : « M. Bond aura droit à de modestes obsèques, escorté par Moneypenny et quelques restaurateurs éplorés. » De son côté, Elliot Carver déclare déjà, à travers les médias télévisuels qu'il possède, « la mort d'un homme inconnu par la police de Hambourg, qui s'est tué dans des circonstances inconnues. » Il s'agit bien sûr de Bond. D'ailleurs, le tueur et expert en médecine légale envoyé par Carver, le Docteur Kaufman, est là pour mettre à exécution ce qui est déjà sur les écrans de télévision.

Mais, au-delà de morts fictives, Bond ressuscite aussi régulièrement, au sens propre. Dans *Meurs un autre jour*, il fait un arrêt cardiaque, passant de vie à trépas. Son électrocardiogramme ne montre aucune activité du cœur et les médecins décident de lui injecter de l'atrophine pour le réanimer. Dans *Casino Royale*, empoisonné par son cocktail, Bond se précipite à sa voiture pour y trouver une seringue de contrepoison ou des électrodes. Dans l'oreillette, le MI6 lui annonce : « Vous serez mort dans moins de deux minutes à moins de m'écouter. » Bond, presque inconscient et sur le point de s'évanouir, répond : « Je suis tout ouïe. » Grâce à un défibrillateur, Versper Lynd tente dans un premier temps de faire revenir 007 à la vie. Puis elle persévère et réanime Bond par une dose de lidocaïne et par une électrode qui le sortent de sa tachycardie ventriculaire et arythmique.

Entre mort et résurrection, 007 joue à un nouveau jeu, celui du *fort-da* freudien, appelé aussi « jeu de la bobine ». Le jeu par Bond du « partir-revenir » devient celui du « disparaître-réapparaître ». Tel le chevalier Antonius Blok dans *Le septième sceau* de Ingmar Bergman, Bond joue une partie d'échecs avec la Mort. Et ce jeu implique aussi M dans *Skyfall*. À Londres, au MI6, la patronne de 007 rédige l'acte de décès de son agent ; sur son ordinateur elle écrit sa nécrologie : « Bond est présumé mort lors d'une mission en Turquie. » Revenue dans son appartement privé, M remarque une ombre près de la fenêtre. Elle reconnaît alors celui qui vient, à nouveau, de ressusciter : « Où étiez-vous passé bon sang ? » Bond lui répond : « Je profitais de la mort. »

Prisonnier et attaché pieds et poings liés face à Silva, sur l'île déserte de ce dernier, dans *Skyfall*, 007 tente de faire bonne figure devant les intimidations du cyber-terroriste. Bond lui lance : « Chacun son hobby. » Le criminel lui demande alors : « C'est quoi, le tien ? » Et 007 de répliquer : « La résurrection. »

L'épisode suivant, bien nommé *Spectre*, se comprend dans les deux sens du terme. Le sigle qualifie l'organisation terroriste internationale spécialisée dans le meurtre, le détournement, l'enlèvement et la pression politique. Mais il renvoie également à Bond lui-même, véritable reflet de la mort au milieu des vivants.

D'ailleurs, l'ouverture du film le montre parfaitement. Le pré-générique, pour la première fois, affiche sur l'écran une citation pleine de sens : « Les morts sont vivants. » (« The dead are alive. ») En mission à Mexico pendant la fête des morts, James Bond est déguisé entièrement en squelette. Avec un chapeau noir à haut de forme et une canne à pommeau, 007, et à son bras sa compagne du jour, entre au Dia de Muertos, un hôtel, pendant le festival Zócalo.

Mort, Bond l'est à sa façon au milieu de cette alliance entre la fête et le meurtre, la légèreté et la gravité, la vie et la mort. Si le pré-générique ou scène d'ouverture de *Spectre* célèbre une fête, avec des costumes, des danses et de la musique, James Bond est un défunt en sursis. Le titre du vingt-cinquième film de la saga, *Mourir peut attendre*, signifie, à nouveau, que, pour l'agent 007, la mort n'est jamais très loin. L'une des dernières scènes de *Spectre* fait revenir Bond dans l'ancien building du SIS, le QG détruit du MI6, au sud-ouest de Londres, sur la rive droite de la Tamise. Dans ce *Legoland*, ou Babylone, brûlé, Bond lit sur le mur la plaque commémorative des héros défunts du MI6 : « In memory of those who died, in the service of their country. » Et, tout en bas de la liste, sous les noms gravés, est ajouté au tag ou au graffiti, celui de « James Bond », en couleur rouge de sang, avec une flèche sur la gauche, indiquant le sous-sol, vers l'entrée du Styx et des Enfers.

Au cœur de cette représentation métaphysique de la mort et de la vie, 007 entreprend une course-poursuite avec la Grande Faucheuse. Sujet à d'étranges métamorphoses, tantôt disparu tantôt réapparu, tantôt présent tantôt absent, tantôt visible tantôt invisible, Bond n'est ni tout à fait mort ni tout à fait vivant. L'agent secret de Sa Majesté est-il une illusion fugitive, un pur ectoplasme ? S'il est appelé régulièrement à descendre au tombeau, cette image fantomatique qui le hante ajoute à la psychologie du héros. Bond est un personnage paranoïaque et perpétuellement inquiet sur son identité personnelle. Lorsqu'il rencontre la doctoresse Madeleine Swann, la fille du Roi Pâle, dans la clinique Hoffler, la psychologue d'Oxford et de la Sorbonne interroge Bond sur le traumatisme de son passé et les blessures de son enfance. Bond lui confesse alors, à demi-mot, qu'il aurait bien besoin d'une psychanalyse pour guérir des simulacres irréels dans lesquels il vit enfermé. La nature du corps de 007, à la fois reflété et reflétant, est davantage invisible qu'invincible.

Être surnaturel ou spectral, 007 s'évanouit et disparaît avant de renaître et de revenir. Cette existence d'un être qui fait retour et d'une figure qui hante celles et ceux qu'elle croise agace fortement les adversaires de 007. Malgré son calme apparent, le cruel psychopathe Hugo Drax manifeste peu à peu son énervement : « James Bond, vous réapparaissez avec la même fatalité que la saison indésirable. » Impossible de se débarrasser de l'agent britannique ! Même volonté de mettre un terme à celui qui revient sans cesse chez le prince afghan Kamal Khan, qui souhaite Bond mort une bonne fois pour toutes : « M. Bond est d'une rarissime espèce qui, bientôt, aura complétement disparu. » Mais le maléfique marchand d'art international ne sait pas encore que, pour Bond, disparaître signifie réapparaître tôt ou tard.

Bond se joue continuellement de la mort, à travers des mises en scène de sa disparition ou des jeux qui simulent sa mort. C'est ce qu'on peut appeler « une mort-reflet ». Comme si 007 se dédoublait : il y a le Bond vivant et le Bond que tout le monde croit mort, y compris lui-même d'ailleurs, parfois. Mais ce n'est pas lui qui meurt, c'est son reflet.

Ainsi, de prime abord, 007 a toutes les apparences du super-héros et les caractéristiques d'un être spécial, vulnérable ou invincible. Bond est un virtuose du sensible, un opérateur de réenchantement du réel. Bien sûr, comme tout agent de retour de mission, Bond est régulièrement blessé : en convalescence dans une clinique de Shrublands dans *Opération Tonnerre* ; le bras en écharpe dans *Le monde ne suffit pas*, Bond s'étant démis l'épaule suite à une blessure causée par une chute depuis une montgolfière ; ou, dans *Skyfall,* obligé de repasser des tests d'aptitude au combat, qu'il va rater d'ailleurs, M lui cachant cet échec. Mais la plasticité du héros est plus complexe. Sa carapace se reforme et se reconstruit. Finalement, semi-vivant, semi-mort, le corps de 007 apparaît spectral, presque posthumain ou surhumain. Si le physique de l'agent britannique est usé et fatigué à force de missions extraordinaires, on assiste à sa recomposition plastique et matérielle : le corps de Bond se régénère, revient et fait retour. 007 est un spectre. Tel est le quatrième secret, la renaissance ou résurrection du héros. Que peut bien signifier alors une phénoménologie spectrale, qui concerne les êtres fantomatiques ? Si le corps de 007 est le lieu de toutes les douleurs et de toutes les souffrances, rappelons aussi que l'enveloppe charnelle est le réceptacle ou l'habitacle de l'existence. Avec Bond comme être spectral, il n'y a plus ni moi ni unité du sujet. Plongée dans un monde violent et destructeur, la conscience de l'agent secret ne perçoit de l'univers qu'un ensemble éclaté, fait de lignes de force, composé d'intensités et d'aspérités. Corps vide aux affects disséminés, le héros britannique traverse un monde abrupt et horrifiant. À travers ses aventures, il fait pourtant une découverte essentielle : James Bond expérimente la contingence des passions humaines. Et si le philosophe Jean-Paul Sartre écrit que « l'homme est l'être par qui le néant vient au monde », cette explication est encore plus vraie s'il s'agit d'un homme agent secret.

5. STYLE PULP ET INTENSITÉ POP

« Vous êtes un cerf-volant
qui danse dans un ouragan. »
M. White à 007
Spectre

À quelques heures à peine d'intervalle, le même jour, le 5 octobre 1962, deux événements artistiques majeurs vont bouleverser pour toujours la culture mondiale. L'un sur microsillon, l'autre sur grand écran, deux phénomènes portant la même initiale, les deux « B », vont changer la pop culture à tout jamais. Plus qu'une coïncidence, il s'agit de la double naissance simultanée de James Bond et des Beatles. L'un au cinéma, *James Bond contre Docteur No*, l'autre sur disque, *Love me do*, premier 45 tours des Beatles que les fans de la première heure, à Liverpool, attendent avec impatience depuis quelques années. Avec les deux B, Bond et Beatles réunis, la révolution pop culturelle est en marche. Mais si James Bond est un symbole incontestable de la culture contemporaine, quelles sont les références culturelles mobilisées dans les films ? Autrement dit, James Bond fait-il appel à notre savoir classique ou met-il davantage en avant des créations récentes et contemporaines ? Sous forme de simples clins d'œil allusifs, ou à l'aide de références davantage marquées et présentes à l'écran, le cinéma de 007 contient de nombreuses indications culturelles, autant chez les anciens et classiques que chez les modernes ou contemporains.

Pulp fiction

La saga visuelle de James Bond inspirée des romans de Ian Fleming rejoue avec virtuosité le spectacle de l'affrontement des Classiques et des Modernes, réinvente au passage la pop philosophie et déjoue la distinction binaire entre, d'un côté, l'œuvre d'art, tournée vers une création élitiste et exigeante, le « cinéma d'auteur », et, de l'autre, le cinéma populaire, appartenant à la culture *mainstream* et ouvert à un plus large public, le « cinéma commercial ».

Quelles sont les références déployées dans la saga de 007 ? Quels sont les clins d'œil à l'actualité ou à d'autres créations présents dans les films de James Bond ? Derrière le pur divertissement populaire se glissent de nombreuses allusions aux temps anciens et modernes, qui ouvrent l'univers de l'espion britannique à différents mondes. Le goût du collage culturel, la construction de ready-made cinématographiques, font partie de l'arsenal narratif de 007. « À la manière d'Andy Warhol, l'artiste fondateur du pop art, qui avait fait fabriquer, pour sa Factory à Manhattan, au 213 East de la 47e rue, une série de répliques en contreplaqué de cartons de supermarché, dont la célèbre *Boîte Brillo*, James Bond utilise les éléments de la culture populaire, dont il détourne l'usage, pour les insérer dans l'action et l'espionnage. Du reste, p.o.p. ne signifie-t-il pas *personnal opinion on pop* ? L'usage détourné, pour interpréter personnellement et d'une autre manière, est un processus de transformation ou d'attribution d'une nouvelle identité. En jouant sur les référents de la culture de masse, le cinéma des James Bond réinvente l'univers postindustriel.

Derrière le dispositif du blockbuster, de nombreux éléments esthétiques – son, image, couleur, vitesse et rythme – nous invitent à porter un autre regard sur le monde qui nous entoure. Détournant les codes classiques tout en jouant avec les références modernes, les films de 007 dépassent la querelle entre le passé et le contemporain, subliment l'opposition entre l'antique et le postmoderne et renversent le débat entre la tradition et le renouveau.

Pas de vision binaire simpliste avec James Bond. Au contraire, par un mélange original des genres et des références, les aventures de 007 mettent en jeu la réinvention de nouvelles identités socioculturelles. Telle est la révélation du cinquième et dernier secret de James Bond.

Les vestiges du jour

Le style 007 est unique. D'un certain point de vue, il correspond à un classicisme conventionnel dont il conserve le charme désuet et décalé. La personnalité de James Bond n'est ni avant-gardiste ni révolutionnaire. Serait-il alors plutôt conservateur, marquant son rejet des ruptures et son refus des bouleversements ? N'y aurait-il ici de références culturelles qu'au service d'une œuvre résolument traditionnelle ?

Dans *Goldfinger*, pour ne pas être dérangé, James Bond coupe le bulletin d'information qui passe à la radio et qui annonce la satisfaction du Président sur un événement historique dont aucun détail n'est donné au spectateur. Mais l'essentiel est ailleurs : 007 est en compagnie de Jill Masterson dans sa suite d'hôtel. Ils s'apprêtent à dîner tous les deux. Sensible aux convenances gustatives et aux codes de la dégustation raffinée, 007 s'aperçoit que le champagne qui les accompagne n'est pas froid mais tiède, ce qui constitue, selon lui, « un outrage aux mœurs ». Pour y remédier, en ouvrant une autre bouteille, il se rend dans la cuisine afin de chercher le précieux breuvage à bonne température dans le réfrigérateur. À haute voix, il déclare alors ce qui peut être considéré comme le premier manifeste esthétique et culturel de 007 : « On ne boit pas plus un Dom Pérignon tiède qu'on n'écoute les Beatles sans boules Quies. » Cette déclaration capitale inscrirait-elle résolument 007 du côté des Classiques ?

Si James Bond n'apprécie pas spécialement les Beatles dans le millésime de 1964, il n'est pas davantage amateur du style crooner de la chanson américaine dans celui de 2015. Dans *Spectre*, alors qu'il a emprunté à Q la voiture réservée pour 009, Bond appuie sur le bouton « Atmosphère » dans les options spéciales du véhicule. Apparaît alors la mention « Music enabled for 009 » et résonne dans l'habitacle de la voiture la chanson *New York, New York*, dans la version de 1979 par Frank Sinatra. 007 s'écrie alors : « Oh, non ! », avant de s'éjecter lui-même de la voiture, non pas réellement pour une raison musicale, mais pour échapper au coriace et silencieux Monsieur Hinx.

Il est vrai que James Bond a une culture tournée vers le classique plutôt que le contemporain. Il est capable, par exemple dans *Spectre,* de citer une référence latine dans l'un de ses pires moments, alors qu'il est torturé par Blofeld, dans la base de celui-ci en plein cœur du Sahara. Attaché sur une chaise de torture, manipulée à distance par le chef du Spectre, l'agent britannique glisse à l'oreille de Madeleine Swann l'expression *Tempus fugit.* Cette citation provient du livre III des *Géorgiques* du poète romain Virgile, vers 284, et tombe à point, témoignant à merveille de la culture classique de notre héros.

De même, du côté de la chanson, à la variété ou à la pop musique, 007, plus élitiste, préfère l'opéra. C'est ainsi que, confondant plaisir et mission, il se rend à l'Académie des Beaux-arts de Bratislava, en Slovaquie, pour écouter le *Quatuor à cordes numéro 2 en ré majeur*, composé par Alexandre Borodine, célèbre pour son troisième mouvement lent *notturno*, interprété alors par la violoncelliste Kara Milovy que Bond va bientôt fréquenter. Signe majeur, excellence de la signature, la musicienne ne se sépare jamais du Lady Rose, un instrument fabriqué par le luthier italien Stradivarius de Crémone, en 1724.

On se souvient aussi que Bond a des références classiques en matière de vins et de champagnes. Cela vaut également pour les cigares. Arrivé à Cuba, dans *Meurs un autre jour*, il se rend dans une fabrique à La Havane et demande au directeur des cigares particuliers, des *delectados*. À quoi le responsable répond : « on n'en fait plus depuis trente ans. » Bond justifie son choix, montrant alors qu'il connaît les étapes de la fabrication du havane, ainsi que les trois types de feuilles nécessaires à la composition du tabac cubain, le *volado*, le *seco* et le *ligero*. Il est vrai qu'il s'agit davantage ici d'une culture du luxe, plutôt que d'une culture classique.

Un autre trait du savoir anglo-saxon conventionnel, que possède l'agent secret, réside dans ses connaissances en ornithologie et en entomologie. Il s'agit évidemment d'un clin d'œil à l'origine de son nom, « James Bond », choisi par Ian Fleming en référence à l'un des ouvrages qu'il possédait dans la bibliothèque de sa propriété, GoldenEye, en Jamaïque : *A field guide to the birds of the West Indies* (1936). Son auteur, en effet, n'est autre que James Bond, scientifique américain, conservateur en ornithologie, né à Philadelphie en 1900 et mort en 1989, passionné de papillons, expert de la faune et de la flore sauvages des Caraïbes.

Dans *Au service secret de Sa Majesté*, l'espion se rend dans la propriété de M qui possède à Quaterdeck un petit manoir de style Régence, près du château de Windsor. Au moment où il pénètre dans cette propriété de campagne, l'amiral M est en train de travailler à sa collection de lépidoptères, et notre Commander commente alors : « Bien petit, ce *Nymphalis polychloris* ! » M marque un temps de surprise : « 007, vous vous y connaissez en lépidoptères ? » Hommage à l'origine : l'agent britannique partage les connaissances de son homonyme américain.

C'est que l'ancien ouvrage de référence est partout : dans *Octopussy*, lorsque Bond feuillette *A field guide to the birds of the West Indies*. Mais aussi dans *Meurs un autre jour*, quand, à La Havane, dans le bureau de Raoul, le directeur de la manufacture de cigares déjà rencontré, et alors qu'il s'informe sur la clinique de thérapie génique de l'île de Los Organos, 007 prend en main le livre-totem sur l'étagère de l'agent dormant.

La faune sous-marine n'est pas en reste. Se faisant passer pour un océanographe du nom de Robert Sterling, 007 identifie aussitôt le poisson rare *Pterois volitans*. Les autres espèces de poissons l'évitent. Ses épines dorsales sont chargées de venin. « Majestueux, mais mortel », explique-t-il à Karl Stromberg, qui, méfiant, l'interroge, lui prouvant ainsi, haut la main, ses connaissances en matière d'animaux marins.

À quoi s'ajoutent tant de références littéraires au long de la saga : qu'il s'agisse, on le verra, de Dante Alighieri, le poète florentin ; de Lawrence l'écrivain et officier britannique, soutien de l'indépendantisme moyen-oriental ; d'Ernest Hemingway, le romancier et journaliste voyageur ; ou encore de Tennyson, le plus célèbre poète britannique de la période victorienne.

Lorsqu'au sommet de la montagne de Piz Gloria, dans *Au service secret de Sa Majesté,* Bond visite l'Institut Bleuchamp – le centre de recherches sur les allergies créées par Blofeld (rhume des foins, fruits de mer, poulets et volailles…) où le Spectre prépare une guerre bactériologique à partir du virus Oméga –, il finit par gagner le sous-sol de la forteresse pour accéder au laboratoire scientifique. Le décor change alors. Le film, soudain sombre et froid, nous fait pénétrer dans les ténèbres. Aucun doute à nos yeux, l'évidence s'impose : le repaire souterrain de Blofeld recrée l'entrée des Enfers de *La Divine comédie* !

C'est aussi qu'espions, aventuriers et baroudeurs se saluent : Thomas Edward Lawrence, le maître du désert, nous revient en mémoire quand, portant la tenue traditionnelle des Bédouins du désert, Bond traverse le Sahara égyptien pour rendre visite à son ancien camarade de Cambridge, le cheik Hosein. Dans cette traversée silencieuse, à dos de dromadaire, Bond n'est-il pas la réincarnation parfaite de Lawrence d'Arabie ?

Autre trait de culture : convoqué par son supérieur dans *Permis de tuer,* Bond a rendez-vous dans un lieu hautement littéraire, la maison d'Ernest Hemingway, à Key West, en

Floride, où l'écrivain américain a vécu de 1927 à 1939. En arrivant à la *Hemingway House*, 007 déclare à son supérieur sa volonté de se retirer, en citant le titre d'un des chefs-d'œuvre du romancier, écrit pécisément dans sa propriété, en 1929, *A Farewell to Arms,* « L'adieu aux armes ».

Une dernière référence littéraire – on ne saurait toutes les citer – s'offre dans *Skyfall,* lorsque M, se présente devant la Commission de défense et de sécurité, pour rendre des comptes sur le programme « 00 » et la disparition d'une disquette contenant la liste des agents secrets de l'OTAN infiltrés dans des organisations terroristes. Afin de souligner que, si le monde a changé, les valeurs classiques de l'espionnage n'ont pas disparu, M cite Alfred Tennyson avec calme et solennité : « Si nous ne sommes plus, aujourd'hui, cette force qui, jadis, remua ciel et terre, ce que nous sommes, nous le sommes. Des cœurs héroïques d'une même trempe, affaiblis par le temps et le destin, mais forts par la volonté de lutter, d'explorer, de découvrir et de ne pas céder. » Ces vers de Tennyson proviennent de la troisième strophe de son poème *Ulysse,* écrit en 1833.

Au moment où ces mots graves sont prononcés, 007, dehors, dans la rue, court à vive allure de la sortie de la station jusqu'à la salle d'audience. Par cette course folle, il essaye d'arriver à temps et d'empêcher Silva d'y entrer pour assassiner M. Il a peut-être vieilli, il est peut-être usé par les ans et les travaux, mais Bond, en résonance parfaite avec Tennyson, est toujours le rempart le plus efficace contre la violence du monde.

All around the world

Au-delà de la seule culture européenne, les cultures du monde sont mises en lumière dans la saga. James Bond voyage autour de la planète et, à l'occasion de ses missions, nous fait découvrir d'autres pensées, d'autres espaces, d'autres expériences ou sensations. Les aventures de 007 s'inscrivent ainsi dans une ouverture multiculturelle.

Lorsqu'il arrive au Japon dans *On ne vit que deux fois*, l'agent britannique assiste à un combat officiel de lutteurs traditionnels. Mais, auparavant, il travers une école de sumo, appelée écurie *heya*, où l'on voit les élèves s'entraîner. Le cours est donné par un *oyakata*, maître d'écurie. Puis, dans une salle de spectacle surchauffée, Bond prend place pour assister au combat, en l'occurence un tournoi traditionnel. À la fois une danse, un sport, un art martial et un corps-à-corps physique, le sumo est un combat où deux lutteurs s'affontent selon des règles très strictes, avec des origines religieuses ancestrales. Ce rituel caractéristique est pratiqué avant chaque engagement, le *shintō*, dédié aux dieux. Sur une aire d'affrontement de forme circulaire appelé *dohyō*, les lutteurs se présentent au combat vêtu d'un *mawashi*, une bande de tissu qui entoure la taille et l'entrejambe. James Bond assiste, dans le public, à la prière sacrée avant et après le duel entre les adversaires. Dans cette scène d'*On ne vit que deux fois*, la caméra met en valeur la splendeur des habits de l'arbitre, *gyōji*, la technique des coiffes, *tokoyama*, le chant unique des spectateurs et des supporteurs, poussés par les présentateurs du combat, *yobidashi*, et l'ambiance incroyable du public, qui participe au spectacle.

Dans *Les diamants sont éternels*, le spectateur a droit à une visite guidée d'Amsterdam : avant que la scène ne se concentre sur la découverte macabre, le corps de Mademoiselle Whistler sorti du canal par la police hollandaise, la caméra offre un aperçu des beautés de la capitale néerlandaise. D'abord le Pont maigre, ou *Magere Brug*, l'un des plus célèbres édifices des Pays-Bas. Au centre de la ville, ce pont basculant à double-levis en bois peint en blanc, construit en 1670, relie les deux rives de la rivière Amstel, entre le Keizersgracht et le Prinsengracht. Ensuite, nous découvrons un panorama visuel des maisons peintes par Rembrandt, l'un des plus grands peintres baroques, qui s'installa dans la capitale hollandaise à partir de 1631.

Dans *L'homme au pistolet d'or*, James Bond visite le jardin et le mausolée d'un businessman de Bangkok en affaire avec Scaramanga, Hai Fat. Dans son jardin on peut admirer des dizaines de statues qui peuplent et décorent l'espace vert. En Thaïlande, ces statues, d'inspiration religieuse, représentent des combattants réels, des animaux mystérieux ou des divinités mythiques. Dès le VIIe siècle, l'art *dvâravâti* se forge, structurant la création et la cosmogonie bouddhiques. Le jardin présenté dans le film illustre l'art *dvâravâti*, notamment les figures de *yaksha*, terrifiants guerriers antiques vêtus d'or, d'émail et de verre coloré, qui protègent l'entrée des temples. Un peu plus tard dans le film, James Bond rejoint Andrea Anders pour assister à ses côtés à un spectacle fort apprécié en

Thaïlande : un combat de boxe thaï. Cet art martial trouve son origine historique dans le *muay boran* et le *krabi krabong*. Au XVIᵉ siècle, l'entraînement à ce sport se faisait dans le cadre militaire. Aujourd'hui, le match entre deux sportifs sur un ring, appelé aussi *muay thai*, est un affrontement très populaire. D'ailleurs, 007 arrive en retard dans le gradin : « Désolé du retard, la circulation à Bangkok est pire qu'à Piccadilly Circus de Londres. », dit-il en arrivant enfin à son siège.

Dans *L'espion qui m'aimait*, l'histoire merveilleuse de l'Ancienne Égypte est mise à l'honneur, lors d'un spectacle de sons et lumières sur le plateau de Gizeh, près du Caire, commenté en direct pour le public présent sur place et également pour les spectateurs du film. Face aux pyramides et devant le Sphinx, nous redécouvrons les grandes étapes de la construction des pyramides par les pharaons et les Égyptiens de l'Antiquité. La voix qui explique les splendeurs illuminées par le spectacle évoque « le Dieu Soleil qui se lève sur les rives du Nil ». Puis l'action se situe à l'intérieur d'une salle des morts, devant les hiéroglyphes sacrés. Nous sommes alors dans le tombeau monumental du pharaon Khéops, qui régna sous la IVe dynastie, il y a plus de 4 500 ans. Au centre du complexe funéraire, la pyramide de cent cinquante mètres de haut et d'une base de deux cent trente-cinq mètres est la seule des sept merveilles du monde antique encore visible aujourd'hui. Le décor du film est alors somptueux, féérique et spectaculaire.

En plongée et en contre-plongée, on assiste un peu plus loin, dans le même film, à un affrontement entre Bond, Amasova et

Jaws, en plein jour cette fois-ci, au milieu des ruines de Louxor, le temple voué au culte d'Amon et situé au cœur de l'ancienne Thèbes. Avec des lignes de fuite qui traversent le cadre cinématographique, et des plans visuels à couper le souffle. Ainsi, Jaws, l'adversaire de 007 le plus grand par la taille, se retrouve minuscule, comparable à une fourmi à peine visible, à côté des colonnes gigantesques du temple égyptien. Prenant des prises de vue depuis le ciel, la caméra surplombe la scène, et la taille microscopique des personnages, au milieu de superbes décors mythologiques, semble créer un instant d'éternité solennelle. La hauteur divine, par les éléments anciens et les prises de vue distancées, donne un résultat qui mélange le mystère des pyramides et des pharaons avec l'enquête policière et l'espionnage. Même effet de solennité lorsque la silhouette distinguée de Bond entre dans les catacombes dont l'entrée ressemble à celle du temple d'Abou Simbel, creusé dans la roche. Cet *hémispéos*, voué au culte d'Amon, de Rê, de Ptah et de Ramsès II, abrite momentanément le QG du MI6. Au milieu des statues et des divinités, surgit soudain, comme une apparition, Miss Eve Moneypenny, figure iconique et majestueuse. Telle Cléopâtre, la fidèle alliée de 007 est toujours une Reine, non plus d'Angleterre, mais d'Égypte cette fois-ci.

On le voit, les références historiques et culturelles sont nombreuses. Dans *Opération Tonnerre*, à la demande de l'organisation Spectre, le gouvernement britannique doit faire sonner l'horloge de Big Ben sept fois, au lieu de six, à dix-huit heures précises. Un communiqué de la chaîne BBC nous apprend alors un élément historique utile et intéressant sur l'histoire de la Grande-Bretagne : la dernière fois qu'une défaillance de ce genre, en apparence technique, a eu lieu, ce fut en 1898, lorsqu'un violent orage a causé un déréglement de l'horloge londonienne.

Dans *L'homme au pistolet d'or*, Bond croise le shérif américain J. W. Pepper, qui fait du tourisme sur les canaux de Bangkok. Menotté par erreur par la police nationale, il proteste et évoque le nom du politologue et diplomate américain, Secrétaire d'État de la présidence Nixon et prix Nobel de la paix en 1973 : « J'irai chercher Henry Kissinger. » Un nom très important dans les références politiques classiques.

Dans *Moonraker*, le cruel Hugo Drax organise une chasse au faisan, à la perdrix et au canard dans ses jardins royaux, entouré de comtes et de comtesses. Au moment où James Bond arrive, conduit en Rolls-Royce dans une tenue très classique, le cor de chasse de Drax sonne la fin de la battue. Le musicien joue alors les trois premières notes de l'introduction du poème symphonique *Ainsi parlait Zarathoustra*, mis en musique et composé par Richard Strauss en 1896. Ce bref extrait sonore illustre bien l'ultraclassicisme du maître des lieux, Hugo Drax.

Dans *Rien que pour vos yeux*, la référence à la Dame de fer qui dirigea le Royaume-Uni de 1979 à 1990 est davantage directe et explicite. La première femme à être Premier ministre téléphone à 007 pour le féliciter du succès de sa mission. La conversation téléphonique n'a pas lieu avec Bond, mais avec le perroquet Max qui appartient à la famille Havelock. Ici, l'humour s'inscrit en plein pour détourner les références politiques classiques du XXe siècle.

James Bond a aussi, à titre personnel, de très bonnes connaissances historiques : à Tanger, face à Brad Whitaker, fasciné par les grandes batailles de l'histoire et par les généraux militaires sanguinaires, 007 donne une leçon au malfrat, dans *Tuer n'est pas jouer*, tout en l'affrontant dans son armurerie sophistiquée. Devant les maquettes des petits soldats de plomb du trafiquant d'armes, l'agent James Bond corrige les erreurs historiques de son ennemi et lui fait partager sa connaissance théorique des événements. Bond connaît précisément le lieu de la troisième charge d'infanterie, lors du dernier jour de la bataille de Gettysburg en 1863 : « Pickett a chargé à Cemetery Ridge et non pas à Little Round Top. », précise 007.

D'autres traits de sa personnalité renvoient à une culture classique. James Bond, on le sait, maîtrise très bien les langues de plusieurs pays. Et si le français est la langue de la diplomatie dans les grandes cours d'Europe du XIXe siècle, il faut rappeler que le français remplace le latin à partir du XVIIIe siècle pour la rédaction et la signature des traités internationaux, avec celui de Rastatt en 1714. La *lingua franca* est saluée par les dirigeants et diplomates pour sa précision logique et géométrique. C'est la reconnaissance du rayonnement international culturel de la France. Dans les films de James Bond, la langue française a une nouvelle fonction, moins politique mais tout aussi prestigieuse : le français est la langue des jeux de casino. C'est pour cette raison sans doute que 007 s'exprime correctement en français. Lorsqu'il arrive en voiture au casino de Monte-Carlo, dans *GoldenEye*, et qu'on lui ouvre la portière, il dit dans un français impeccable : « Bonsoir Pierre, ça va bien ? »

Du côté des adversaires de Bond, même souci des convenances et de la distinction, même culture antique et respect du passé prestigieux. L'univers des ennemis de la liberté et de la démocratie est aussi délicat que raffiné, cruel que classique : parmi les plus dangereux criminels, Blofeld est amateur de poésie romantique crépusculaire, qu'il récite avec sa prisonnière. Il est également capable, au moment où il s'apprête à lancer des attaques nucléaires en Russie, en Chine et aux États-Unis, de citer la maxime d'un moraliste du Grand Siècle. Karl Stromberg, lui, décore son palais amphibie de teintures murales évoquant la peinture de la Renaissance italienne. Quant à Hugo Drax, il cite Oscar Wilde et joue la musique de Chopin. De leur côté, les membres terroristes et criminels de l'organisation Quantum se réunissent à l'opéra afin de préparer le projet « Tierra » en écoutant Puccini. Et pour finir, dans un autre registre, Blofeld se fait également passionné de météorite, même si la référence géologique à la plus ancienne pierre jamais détenue par un être humain, la Kartenhoff, est fictive, sa conservation et sa présence dans le sanctuaire désertique de Blofeld confirment sa mégalomanie et son désir de domination. Parmi les ennemis du héros, un autre adversaire cruel et diabolique, le terroriste Silva, se fait, lui, mélomane, et associe ses crimes à des extraits de musique entêtante.

Le chef du Spectre est capable d'impressionner 007 par sa culture des citations. En pleine phase finale de son plan d'attaque par satellite, dans *Les diamants sont éternels*, alors qu'il menace la sécurité civile et militaire de nombreux gouvernements dans le monde, Blofeld cite un auteur classique mondain du XVIIᵉ siècle. L'homme au chat se remémore un auteur qui fréquente les salons, ceux de Madame de Sablé et de Madame de Lafayette, et qui se spécialise dans une esthétique de la forme brève et une littérature de genre court (billets, sentences, réflexions, maximes, petits discours). Il s'agit vous l'avez deviné du frondeur François de La Rochefoucauld. Ses *Maximes* qui dénoncent l'amour-propre sont célèbres. Blofeld cite de mémoire et reproduit une citation incomplète : « L'humilité est la pire forme de vanité. » La formulation de Blofeld n'est pas tout à fait exacte, puisque la vraie citation est : « L'humilité, c'est un artifice de l'orgueil qui s'abaisse pour s'élever. » Même si le redoutable chef du Spectre récite une citation tronquée, James en reste malgré tout sans voix.

Avec Karl Stromberg, nous nous trouvons également face à un solitaire mégalomane, froid et sanguinaire. L'individu est passionné par la violence et la beauté des fonds océaniques. Un autre capitaine Nemo, comme l'est déjà le Docteur No : « Le monde sous-marin est si vaste et si inexploré. », dit le dangereux et richissime Stromberg après avoir capturé les submersibles *Ranger* et *Potemkine*. Son repaire, l'Atlantis, capable de descendre ou de remonter à la surface, est luxueux. Dans son gigantesque salon royal, celui qui engage le tueur à gages Jaws décore ses hublots de tentures, de tapisseries. Accrochées aux murs pour décorer la pièce, ces éléments picturaux reproduisent des œuvres classiques dans le style de *La naissance de Vénus*, œuvre majeure de la Renaissance italienne, peinte par Botticelli vers 1485. Si ce tableau exprime l'élément aérien – avec le souffle du dieu Zéphyr en *contrapposto* – ainsi que la douceur du vent de printemps, les éléments marins et maritimes sont également très présents dans le chef-d'œuvre de l'art italien : Vénus sort des eaux, debout dans la conque d'un coquillage. Les flots sont légèrement agités, les fleurs roses et les roseaux flottent à la surface de l'eau, l'océan paraît calme et seules de petites vagues se jettent légèrement sur le rivage. Lorsque les tapisseries de la fastueuse salle de réception de Karl Stromberg se lèvent, l'ensemble du dispositif prend toute sa majesté. La base sous-marine, elle, paraît surgir des eaux et s'élever vers le ciel depuis la mer, portée par un souffle divin. Lors de cette remontée du plus profond des mers vers la surface, une musique majestueuse, empreinte de calme et de solennité, accompagne cette renaissance technique. Le *concerto numéro 21 pour piano* de Mozart, composé à Vienne en 1785, donne toute sa puissance à la scène aquatique.

Même ambiance de solennité et climat de faste grandiose lorsque James Bond fait son entrée dans le château de Hugo Drax, transporté pierre par pierre de France en Californie. Dans le salon de sa résidence royale, Hugo Drax est au piano. Il interprète « La goutte d'eau » de Frédéric Chopin, *prélude opus 28 numéro 15 en ré bémol majeur*. Il s'agit de l'un des vingt-quatre préludes du pianiste virtuose polonais, composé pendant l'hiver 1838-1839 lorsque Chopin était en villégiature avec George Sand sur l'île de Majorque, à la chartreuse de Valldemossa. De manière lyrique et charmante, le morceau reproduit la répétition des gouttes de pluie, avant de passer à une partie plus ténébreuse et sombre pour imiter le tonnerre et l'orage.

Après cet intermède musical, Hugo Drax profite de ce climat classique et traditionnel pour citer un auteur irlandais du XIXᵉ siècle ou, plus exactement, pour détourner l'une de ses phrases. Il pastiche un extrait de la comédie théâtrale sur l'Angleterre victorienne, *L'importance d'être constant*, pièce créée en 1895 au Saint James Theater de Londres par le poète, écrivain et dramaturge, Oscar Wilde. Si la citation d'origine est « Perdre l'un de ses parents peut être regardé comme un malheur, perdre les deux ressemble à de la négligence. », Hugo Drax s'interroge : « Comment Oscar Wilde aurait-il présenté la situation ? Avoir perdu un avion peut être de la malchance, en perdre deux, cela devient du je-m'en-foutisme. »

Dans *Quantum of Solace*, plusieurs membres de l'organisation criminelle Quantum, futur noyau du projet plus vaste Spectre, se réunissent à l'opéra de Bregenz en Autriche. Si le décor est moderne, avec un œil géant au milieu de la scène, et qu'un échafaudage étrange est installé pour porter en hauteur les chanteurs, chœur et solistes, la pièce, elle, est classique. Il s'agit du chef-d'œuvre, daté de 1900, de Giacomo Puccini, drame amoureux et patriotique, la *Tosca*. Grâce à un stratagème technologique ingénieux, aussi rapide qu'efficace, Bond parvient à démasquer certains membres du groupe dont certains prennent aussitôt la fuite : Dominic Greene, Gregor Karakov, Moishe Soref, Guy Haines. Reste assis, pour continuer à profiter du spectacle, le Roi Pâle, plus connu sous le nom de M. White. Puis, par un jeu de caméras virtuose, grâce à une alternance rythmique des images, les faux tirs sur scène se mélangent à l'action réelle dans le restaurant de la salle de spectacles. Bond abat ses poursuivants tandis que le spectacle met également en scène la mort. Nous assistons ici à une mise en abyme cinématographique : la mort illusoire sur la scène, la mort réelle qui plane au-dessus de l'agent secret. Comme à travers l'héraldique médiévale, lorsque les figures de blason sont superposées les unes sur les autres. Par la structure de duplication du médaillon, la mise en abyme expose une théorie de la réciprocité. L'art et l'artifice se redoublent l'un par l'autre. En représentant la mort sur la scène, pendant que l'action violente a lieu dans les coulisses, ici le restaurant de l'opéra de Bregenz, la mise en abyme éclaire le processus de création. Souvenez-vous de la célèbre scène ii de l'acte III d'*Hamlet* de Shakespeare, lorsque des acteurs de comédie jouent une pièce qui représente le meurtre du père du héros. La violence de l'espionnage n'est-elle qu'un artifice ? Les films de James Bond ne seraient-ils, au fond, qu'une orchestration lyrique, un drame baroque, un opéra imaginaire ?

Alors qu'il occupe une île déserte au large de Macao, vidée entièrement de ses habitants, le cyberterroriste Silva a fait installer des haut-parleurs un peu partout dans la ville abandonnée. Entrainant Bond, son otage, avec lui pour une séance d'exécution un peu particulière, Silva met en marche la musique dans les enceintes urbaines. Soudain, une chanson retentit : le titre « Boum » de Charles Trenet, sorti en 1938. Le tueur Silva semble prendre plaisir aux résonances explosives et destructrices de cette chanson d'amour détournée. « Quand notre cœur fait boum », chante à tue-tête Charles Trenet, « Le monde entier fait boum », s'amuse à dire Silva, obligeant James Bond, au même moment, à tirer sur Séverine, effrayée.

Retour vers le futur

En quoi les références dans les films définissent-elles un univers esthétique ? Peut-on y lire également les signes idéologiques d'un marquage social et culturel ? Lorsque Blofeld et Drax détournent des citations de François de La Rochefoucauld et d'Oscar Wilde, les ennemis jurés de 007 cherchent à montrer leur emprise sur l'art et sur la culture. Dans leur entreprise de manipulation et de destruction, ils affichent un sadisme et une cruauté, y compris sur l'histoire des arts et sur la beauté des œuvres. Détourner l'art, soumettre la culture, manière perverse et violente d'affirmer encore davantage leur puissance et leur domination sur la société des hommes, sur le passé, le présent et l'avenir. Mégalomanie et perversité mêlées.

Mais James Bond, lui-même, a-t-il des goûts classiques ou est-il davantage attiré par le contemporain ?

Lorsqu'il rencontre Q sur un banc de la National Gallery à Londres, dans *Skyfall*, 007 est pensif. Face à lui se trouve l'une des plus belles toiles de William Turner (1775-1851), peintre, aquarelliste et graveur, maître romantique de la lumière. Le tableau que contemple Bond est le *Fighting Temeraire* de 1839, un vaisseau à voile rentrant au port pour la dernière fois, tiré par un remorqueur à vapeur. Le grand vaisseau de ligne appartient au passé de la voile, et le passé s'éteint peu à peu, signifiant le crépuscule d'une ancienne époque, et l'aube d'un nouveau temps. Cependant, celui qui commente avec le plus d'émotion le tableau n'est pas 007, mais Q qui vient d'arriver et de s'asseoir à côté de lui. Q se confie sur ses impressions : « Il me rend toujours un peu mélancolique. Le vénérable galion ignominieusement envoyé à la casse. C'est l'inéluctabilité du temps. »

Bond n'est pas davantage sensible, dans le même film *Skyfall*, au tableau *La femme à l'éventail*, peint par Modigliani en 1919. Lorsqu'il se rend à Shanghai, filmé de nuit et illuminé par les néons et les lumières bleues de la ville, 007 suit le tueur Patrice qui vise dans l'immeuble en face du sien un potentiel acheteur du tableau. Entre Patrice et 007 s'engage un combat d'ombres chinoises, sublimement filmé, devant une gigantesque méduse robotique fluorescente. Le tableau *La femme à l'éventail* fait partie des cinq tableaux volés au Musée d'Art Moderne de Paris en mai 2010. Le réel et mystérieux vol n'a pas encore été résolu par la police. Le film *James Bond contre Docteur No* faisait déjà allusion à un tableau réellement disparu et possiblement volé par Docteur No - dans ce film, 007 en remarque la présence dans le repaire de l'île, et trouve étrange une telle présence en ce lieu. D'ailleurs, en un clin d'œil au premier film de la saga, on retrouve le tableau *La femme à l'éventail* de Modigliani, présent dans *Skyfall,* et dans *Spectre* à l'intérieur de la base déserte de Blofeld en Afrique du Nord. Le tableau est accroché au mur dans la chambre où se trouve « prisonnière » Madeleine Swann – dont le nom est une référence évidente à *La recherche du temps perdu* de Marcel Proust.

D'ailleurs, de nombreux indices laissent sous-entendre que le film *Spectre* est un remake de *James Bond contre Docteur No.* Au-delà des tableaux volés dans les deux films, en 1962, James Bond et Honey Rider se tiennent la main, à quelques instants de rencontrer celui qui les retient prisonniers, le Docteur No. Alors que Honey Rider lui signale qu'elle a les mains moites, James Bond pour la rassurer lui dit : « J'ai peur aussi. » En 2015, à l'arrière de la Rolls-Royce qui les conduit au repère de Blofeld, Madeleine Swann dit : « J'ai peur James. » Alors 007, pour la réconforter, lui prend la main. En 1962, James Bond dit à Docteur No : « Nos maisons de fous regorgent de Napoléons et de Dieux. » En 2015, James Bond dit à Blofeld : « Des vision-naires, nos asiles en sont pleins. » Même folie, même cruauté, même violence. De 1962 à 2015, l'univers de Bond n'a pas changé, il reste identique. Mais Bond, qui n'est pas tellement sensible à l'art classique, l'est-il davantage à l'art moderne ?

Les films de James Bond mettent non seulement en avant des prouesses techniques et technologiques, mais aussi des avancées culturelles et scientifiques contemporaines. Ainsi, une longue scène du film *Casino Royale* se déroule au Miami Science Center, lorsque 007 suit Dimitrios à une exposition anatomique célèbre, « Body Worlds, Our body », qui fait sensation depuis sa création. Mettant en lumière l'intérieur du corps humain de manière à la fois virtuelle, intime et réaliste, l'exposition fait découvrir aux visiteurs, par des prouesses technologiques, les organes, les muscles et les membranes du squelette humain, comme le faisaient déjà Léonard de Vinci ou André Vésale dans leurs travaux de médecine. Simplement, les techniques et effets spéciaux mis en place par l'anatomiste Gunther von Hagens, grâce à une performance innovante de conservation des corps, permettent de voir autrement les structures fines de l'être humain. Une des reconstitutions les plus célèbres de cette exposition qui a fait plusieurs fois le tour du monde, s'appelle « Poker Playing Trio ». Cette œuvre d'art ou installation anatomique, selon les points de vue, représente trois corps écorchés jouant aux cartes autour d'une table de casino. Elle a un rôle important dans l'intrigue de *Casino Royale*, puisque Dimitrios y dépose, sur une pile de jetons de jeu, le passe S3 qui permettra à James Bond de récupérer son sac, laissé à la consigne du vestiaire.

Bond est un homme de son temps qui goûte les bienfaits de l'époque moderne. Comme tout le monde, il aime se détendre et apprécie les divertissements de la société dans laquelle il vit. Décontracté lors de ses missions, Bond en profite souvent pour passer un agréable moment. Ainsi, si nous ne savons pas précisément les romans qu'il apprécie et lit lors de son temps libre, à part bien sûr le « sien », à savoir le volume ornithologique, il lui arrive aussi en pleine mission de feuilleter un magazine ou un journal « populaire ». À Berne, dans *Au service secret de Sa Majesté*, Bond se glisse incognito dans le bureau de l'avocat Gebrüder Gumbold afin d'obtenir des informations secrètes sur le comte Balthazar de Bleuchamp. Après avoir fait appareiller par la fenêtre une lourde machine de décryptage de serrure de coffre-fort, 007 profite de la pause-déjeuner de l'avocat pour chercher dans la pièce de son bureau les documents ultrasecrets. Mais, alors que la machine identifie codes et chiffres, 007 s'installe dans un fauteuil pour lire le journal *Playboy*. Alors que l'avocat, ne se doutant de rien, remonte dans l'ascenseur et se trouve sur le point de revenir à la porte de son bureau, 007 ressort de toute urgence, emportant malgré tout avec lui l'affiche centrale du célèbre magazine pour hommes.

À part son intérêt pour la lecture légère de *Playboy*, quelles sont les autres références postmodernes de 007 ? *Dans l'homme au pistolet d'or*, au moment d'une cascade prodigieuse pour atteindre l'autre rive d'un fleuve en sautant par-dessus une barge, Bond mentionne une personnalité populaire récente. Il s'agit d'un cascadeur et motard américain célèbre. Alors que la voiture accélère et prend son élan pour franchir le fleuve, 007 se tourne en effet vers son passager, comme pour l'avertir de ce qu'il va tenter et de ce qu'il risque d'arriver : « Vous connaissez Evel Knievel ? »

Plus largement, il y a de nombreuses références pop dans les films de 007. L'esprit de la culture populaire traverse les films de la saga James Bond : on retrouve le *Nautilus* de Jules Verne, la sculpture compressée de l'artiste César, les films à suspense de Alfred Hitchcock, de Steven Spielberg, de Sergio Leone, de Georges Lucas, de Michael Curtiz, de Stanley Kubrick ou de Orson Welles.

Certains ennemis de l'agent britannique sont davantage tournés vers un univers fantastique et un imaginaire pop. Ainsi Docteur No a construit son sanctuaire sur une île mystérieuse, et son impressionnant salon sous-marin est digne de ressembler au *Nautilus*. Architecte de sa propre forteresse, il en a dessiné les plans lui-même : cet univers à l'esthétique rétro-futuriste, angoissant et fabuleux à la fois, nous plonge dans les entrailles de la mer. Le verre de l'aquarium, glace convexe de 25 mm, fait loupe et montre la fascination de Docteur No pour le monde sous-marin, comme dans *Vingt mille lieues sous les mers*, le roman de Jules Verne publié en 1869.

Dans *Goldfinger*, le véhicule du gangster M. Solo est compacté dans l'entreprise Atlantic Iron Metal. Ce qu'il reste alors de sa voiture, réduite à une boîte de ferraille et de métal, ressemble à une œuvre pop de César Baldaccini, dit « César », sculpteur français membre des nouveaux réalistes, mouvement artistique né dans les années soixante, et spécialiste de la technique de compression.

Dans *Au service secret de Sa Majesté*, 007 est démasqué par Blofeld : « Les de Bleuchamp ne sont pas enterrés dans une cathédrale, mais dans une église, Sainte-Anne. Sir Hilary l'aurait su. Un léger faux-pas 007, on ne s'improvise pas héraldiste. » Suite à cette découverte de son identité, Bond se retrouve enfermé dans une pièce sombre, un espace fait de roues dentées. Cette machine infernale, cauchemardesque, esthétisation de la torture mentale, évoque aussitôt les décors psychanalytiques créés par le peintre Salvador Dali dans le film *Spellbound* d'Alfred Hitchcock réalisé en 1945. La scène suivante, qui mélange escaliers sans fin, poulies, câbles électriques, échafaudages et treuils d'une cabine téléphérique, évoque d'autres films de Hitchcock : non plus cette fois un univers intérieur, mental et onirique d'un rêve, mais un espace extérieur que l'être humain, minuscule face à cette immensité, doit escalader ou conquérir, comme le monument du mont Rushmore, du Dakota du Sud, dans *North by Northwest* du célèbre réalisateur.

Dans *Moonraker*, James Bond découvre un laboratoire clandestin à Venise. La mélodie qu'il doit reproduire à l'oreille sur le digicode secret du laboratoire est celle utilisée dans la séquence du contact avec les vaisseaux extraterrestres dans le film *Rencontres du troisième type* réalisé par Steven Spielberg en 1977, l'année où sort également *Star Wars IV, un nouvel espoir* de George Lucas, deux références essentielles de *Moonraker*, sorti sur les écrans deux ans plus tard. Cette mélodie très connue, composée de cinq notes uniquement (*si* bémol, *do, la* bémol, *la* bémol et *mi* bémol, avec un changement d'octave sur la deuxième et la quatrième notes) a été créée sur un synthétiseur ARP 2500. Cette courte ritournelle fut inventée par un compositeur de nombreuses musiques de films, John Williams.

Toujours dans *Moonraker*, Lorsque Bond expédie Chang à travers le cadran de l'horloge de la Torre dell'Orologio, à Venise, le fidèle tueur d'Hugo Drax finit sa course écrasé sur un piano de concert, en plein récital. Le chanteur d'opéra classique s'interrompt, au moment où Bond dit « Play it again, Sam ! », en référence au morceau de musique *As time goes by,* créé en 1931 à Broadway, que souhaite réécouter le personnage joué par Ingrid Bergman, prononçant cette phrase dans le film *Casablanca* de Michael Curtiz, en 1942, face à Humphrey Bogart.

Autre musique de film présente dans *Moonraker*, véritable mine de références de la culture pop : dans la pampa sud-américaine, Bond porte un large poncho de cow-boy. Accompagné de deux autres cavaliers, 007 traverse de grands espaces. Il chevauche sa monture avant de se rendre dans un ancien monastère franciscain, où s'entraînent les hommes du MI6 entre pratique des arts martiaux et exercice de précision au tir laser. La silhouette de Bond à cheval rappelle celle de Clint Eastwood dans le « western spaghetti », popularisé par l'acteur dans les films de Sergio Leone, notamment à travers la *Trilogie du dollar*, trois westerns en 1964, 1965 et 1966.

Nouvelle référence culte, dans l'univers pop de James Bond : lorsque la base spatiale de Hugo Drax, en orbite autour de la terre et indétectable au radar, apparaît à l'écran, l'immense cité dans l'espace se montre dans toute sa splendeur et sa solennité. Grâce à des effets visuels, la caméra donne à voir une image de la beauté du vide intersidéral, évoquant aussitôt la danse des fusées, le mouvement des satellites et le déplacement des planètes dans *2001, l'Odyssée de l'espace*, film épique et ultime de la science-fiction. Ballet métaphysique et chorégraphie lunaire, le voyage interstellaire créé par Stanley Kubrick offre une vision unique, à la fois sublime et inquiétante.

Dans *Demain ne meurt jamais*, une autre référence pop est citée, cette fois-ci par le magnat de la presse, de la déstabilisation médiatique et des *fake news*, Elliot Carver. Prêt à toutes les manipulations et les désinformations pour dominer les réseaux numériques de communication, les *networks* et les GAFA, il utilise la puissance des satellites. Il veut déclencher une crise mondiale par le contrôle des télécommunications et la domination des médias. Elliot Carver veut prendre comme modèle William Randolph Hearst , celui qui a inspiré Orson Welles pour la création de son personnage épique, excentrique et mégalomane dans *Citizen Kane* : « Les grands hommes manipulent les médias », déclare Elliot Carver, « regardez William Randolph Hearst qui a dit aux photographes : « Faites les photos, je ferai la guerre. »

Enfin, dans le domaine musical moderne, on peut citer le rôle du groupe vocal et mélodique The Beach Boys. Alors que Bond récupère une puce électronique cachée au cœur d'un médaillon sur le cadavre de 003, dans *Dangereusement vôtre,* un hélicoptère russe et des skieurs armés le prennent en chasse en Sibérie. Poursuivi, 007 perd d'abord l'un de ses skis, puis s'empare d'une motoneige. Cette dernière explose suite à un tir d'hélicoptère. L'agent britannique improvise alors une planche de surf des neiges avec le reste de l'appareil et dévale de plus belle la piste enneigée. À cet instant précis résonne le tube pop du groupe, composé en 1965, *California girls*.

Dans *Tuer n'est pas jouer*, Moneypenny invite James Bond à venir passer la soirée chez elle, pour apprécier ensemble la musique du crooner et chanteur pop qui a interprété le tube *Copacabana* : « Venez écouter mes disques de Barry Manilow. » Dans le même film, Necros, le tueur du KGB à la solde du trafiquant d'armes Brad Whitaker et du général Georgi Koskov, ne se sépare jamais de son baladeur Walkman. S'il s'en sert comme d'une arme pour éliminer ses adversaires et signer ses cadavres, pour brouiller les pistes, de l'insigne « Smiert Spionom », du nom d'une ancienne opération de Staline, Necros écoute le même titre en boucle, composé par le groupe de rock anglo-saxon The Predenters, formé en 1978. Ce titre appartient à la pop musique, il s'agit de *Where has everyone gone ?* qui apparaît sur l'album studio *Get close* de 1986.

Dans *GoldenEye*, 007 se permet une remarque sur les qualités vocales d'Irina, la fiancée du chef mafieux russe Valentin Zukovsky : « Quelqu'un étrangle un chat ? » Cette remarque conduit à interrompre la répétition, sur la scène du night-club, de la chanteuse alors en train de pousser la chansonnette sur les notes du célèbre titre de musique country

Stand by your man de Tammy Wynette. Dans *Meurs un autre jour*, Bond prend l'avion et arrive à Londres sur un vol de la compagnie British Airways. Au même moment, retentit un air de musique à l'écran, le tube pop rock du groupe The Clash de l'ex-punk Joe Strummer, la chanson *London Calling* de 1980.

Enfin, pour terminer ce tour d'horizon de l'esprit pulp, des personnalités du monde de la culture pop font des caméos ou apparitions rapides dans la saga de James Bond. Parfois ils se glissent un instant à l'écran, furtivement et subrepticement. Le danseur, chanteur et musicien Sammy Davis Junior, membre du Rat Pack, fait une brève apparition dans *Les diamants sont éternels* : au casino du milliardaire excentrique Willard Whyte de Las Vegas, Bond le croise rapidement à la table de craps. Dans *Casino Royale*, James Bond croise encore très rapidement une des figures les plus marquantes de la culture pop, les mains en l'air à un contrôle de douane à l'aéroport de Miami. Il s'agit de l'inventeur du Virgin Cola et du PDG de Virgin Atlantic, le londonien Richard Branson. Enfin, le plus célèbre clin d'œil à la pop culture mondiale, est le rôle de l'entraîneuse et professeure d'escrime, Verity, confié à l'actrice, chanteuse, danseuse et *pop star* glamour, pionnière bien avant Lady Gaga ou Justin Bieber, l'artiste Madonna.

Entre Chopin et Madonna, de Virgile à *Playboy* en passant par Tennyson ou Hemingway, les nombreuses références culturelles de la saga James Bond touchent à tous les genres et à tous les styles, dans un esprit qui dépasse l'opposition de la culture savante et de la culture populaire. Tel est le cinquième et dernier secret des aventures de l'agent 007 : dans un même tourbillon, par un même élan, les films de James Bond emportent les créations classiques et les œuvres récentes. Il s'agit d'une souplesse et d'une mobilité innovantes, qui déterritorialisent les références, hors de leur socle d'origine. Cet effet de renouveau se retrouve également dans la diversité des musiques choisies pour ouvrir les films de la saga : Shirley Bassey, Tom Jones, Nancy Sinatra, Louis Armstrong, Paul McCartney et les Wings, Duran Duran, Tina Turner, Madonna, Sheryl Crow, Chris Cornell, Jack White, Alicia Keys, Adèle, Sam Smith ou Billie Eilish. Une diversité éblouissante d'artistes ; une singularité toujours renouvelée de créations uniques.

Conclusion.
Les dernières James Bond

> « Le contrôle total a son intérêt :
> nous surveillons tout le monde. »
> C à M.
> *Spectre*

Avec une analyse cinématographique renouvelée des vingt-cinq films de la saga James Bond, de 1962 à 2020, l'œil philoscopique, cette nouvelle méthode de visionnage, a tenté d'apporter un regard innovant sur le cinéma et l'écran.

Cette approche singulière, permettant de redécouvrir autrement les célèbres aventures de l'espion au service de Sa Majesté, a également été l'occasion de révéler cinq secrets originaux, cachés ou masqués dans l'œuvre visuelle. Cinq dilemmes thématiques et philosophiques sont au cœur de la saga de 007 : la politique (guerre froide ou lutte contre le terrorisme), l'identité (citoyenneté britannique *versus* mondialité du sujet), l'amour (passion de l'hédonisme contre sublimation du romantisme), le corps (phénoménologie du corps réel ou ontologie du corps spectral) et la culture (références classiques *versus* préférences pop). Ces pistes philosophiques permettent également d'ouvrir une réflexion sur l'esthétique, l'art et la création, à travers la notion nouvelle de chaos-cinéma.

Les cinq étapes de cette analyse ont également voulu déployer une manière originale et novatrice pour accorder une plus grande place encore, dans les études philosophiques, au cinéma grand public et populaire. Afin d'y parvenir, il fallait construire et conceptualiser de nouveaux critères de lecture, ouverts à l'aventure, au suspense et à l'espionnage.

Au cœur de ce dispositif : l'image-action. Elle seule permet d'associer le texte à l'écran, les dialogues aux événements, le spectacle à la pensée.

De *James Bond contre Docteur No* à *Mourir peut attendre*, les vingt-cinq films renouvellent le cinéma d'espionnage, avec la figure esthétique d'un héros du spectacle pur participant à la codification du cinéma populaire. Mais pour apporter un nouveau décryptage de l'image-action, seule une approche rigoureuse et détaillée des scènes permet d'appréhender et de comprendre ce qui se joue à l'écran. Chorégraphie visuelle, nervosité graphique, montage saccadé et virtuosité rythmique sont les quatre éléments utilisés pour une nouvelle pensée du déploiement filmique.

Cependant, au terme de cette enquête et de cette investigation, une dernière question se pose, dans un autre registre et sur un plan différent. Face aux événements internationaux qui nous déroutent par leur complexité, et devant l'actualité du monde, dont nous appréhendons la singularité tous les jours, où sont les authentiques James Bond ? Quelle personnalité pourrait, *réellement*, l'incarner ? Y a-t-il des individus qui, à leur façon, porteraient ses valeurs héroïques, citoyennes et engagées ? Les 007 de notre époque existent-ils ? Nous les avons, peut-être, trouvés.

The last action hero

Tout d'abord, il y en a bien un qui, peut-être, sans effets spéciaux ni voitures de luxe, correspondrait à la mission de 007 dans une actualité politique internationale complexe et perturbée.

Pour le trouver, il faut regarder de près le film *Spectre* de 2015. On se rend bien compte combien l'ennemi provient de l'intérieur : sous le nom de code « C », Max Denbigh est le chef du renseignement à Londres, dans le nouveau bâtiment de Vauxhall, et directeur général du Centre pour la Sécurité nationale du Royaume-Uni. Alors qu'il a fusionné les services du MI5 avec ceux du MI6, son ambition politique est la constitution d'un vaste réseau de programmes de surveillance mondiale, en toute légalité, au détriment des services de sécurité nationaux. Pour parvenir au contrôle absolu du flux des données numériques, en vue d'une union mondialisée des informations planétaires, C a mis sur pied un comité dont il est le directeur, le groupe des « Neuf sentinelles », qu'il présente lors d'un sommet organisé en présence de M à Tokyo. Denbigh envisage d'obtenir un accès illimité aux renseignements des neuf pays membres en obtenant de leur part un accord de pleine coopération. Le risque de « démocrature » menace l'avenir des citoyens et de l'ensemble de la société. Qui pourrait empêcher ce projet dangereux pour la démocratie et pour les libertés individuelles ? Deux hommes en fait, l'un, fictionnel, dans *Spectre* ; l'autre, authentique, dans la réalité. N'y a-t-il pas un point commun, ici, entre l'imaginaire d'une œuvre et la vérité du monde ? En un mot, le lanceur d'alerte Edward Snowden n'est-il pas, au final, notre dernier James Bond ? Même si la transparence à tout prix est dangereuse pour la démocratie, et que l'équilibre reste à trouver entre révélation d'informations confidentielles et détention de données illégitimes, la question mérite d'être posée.

Face à une surveillance de masse ultra-technicisée – mise en place dans le film par C, qui est, en réalité, au service de l'organisation Spectre – la protection des données est la préoccupation principale de nombreux citoyens dans le monde. Lanceurs d'alerte, journalistes d'investigation ou *whistleblowers* (« celles et ceux qui donnent un coup de sifflet », terme du droit depuis 1863), ONG ou députés, syndicats ou citoyens se mobilisent et jouent ce rôle démocratique. Dans un contexte de crise politique internationale, l'individu agit souvent seul, face à des organisations puissantes disposant de moyens considérables pour leur action. La fiction et la réalité se rejoignent.

Aujourd'hui, avec les blogs, vidéos, photos, conversations, *likes*, *tweets* et autres échanges privés ou professionnels, toute notre vie est enregistrée, communiquée et traitée par des algorithmes. Notre société est devenue un monde de la surveillance et de l'information. L'expérience humaine est transformée en données numériques ; la vie des citoyens est captée par des machines au service d'intérêts privés et de domination antidémocratique.

Surveiller l'individu, contrôler ses moindres faits et gestes, n'est-ce pas déjà ce que dénonce la saga James Bond ? Si les puces électroniques RFID (Radio Frequency Identification) sont déjà intégrées, sous forme de code-barre magnétique, dans les passeports, cartes de transport ou cartes bancaires, les films montrent l'étape qui suit et qui va encore plus loin dans la mise en place des traceurs. Dans les films de 007 réalisés après le traumatisme des attentats du World Trade Center et la mise en place de la législation du *USA Patriot Act* adoptée le 25 octobre 2001, les dispositifs panoptiques de techniques de surveillance se sont renforcés. Ainsi, à partir de *Casino Royale*, en 2006, un implant de localisation biométrique est implanté dans le poignet de James Bond. Cet émetteur grandes ondes et récepteur DGPS (*Differencial global positioning system*) vingt-quatre canaux transmet les coordonnées de localisation à une unité de résonance sonique. Tracé, surveillé et identifié en permanence 007 est paradoxalement mis en danger par cet excès de surveillance censé le protéger. Ce que M a compris parfaitement dans *Spectre*, en 2015. Grâce à ce système appelé *Smart Blood* dans le film, Q, M et Moneypenny peuvent tracer, depuis Londres, les déplacements de Bond et de Swann en Afrique du Nord. Malheureusement, cette protection devient une menace puisque C enregistre également tous les mouvements de 007. Afin de protéger leur ami, M demande à Q et à Moneypenny de tout effacer : « Bond doit se débrouiller seul. » Seule solution, en effet, pour le protéger du traceur. Cette volonté de l'État moderne de surveiller chaque geste individuel, en vue d'une disciplinarisation des corps et des esprits, était déjà dénoncée par Michel Foucault en 1975, avec sa référence au projet d'observation carcérale imaginé par Jeremy Bentham dans *Panoptique* en 1798.

L'alliance secrète des « Five Eyes »

Si 007 est un agent de l'ombre et du secret, le lanceur d'alerte est, lui, défenseur de la vie privée individuelle, contre-point au contrôle et à la manipulation. Les révélations intitu-lées *Panama Papers*, les investigations sur UBS, les enquêtes sur HSBC ou encore les scandales *Luxleaks* et *Swissleaks* nous rappellent que la protection des citoyens et la vigilance des populations sont essentielles au bon fonctionnement de la société contemporaine. Découvrir que nos ordinateurs et nos portables sont contrôlés et surveillés à notre insu, puis dénoncer cette atteinte portée à nos libertés individuelles, ces deux gestes constituent une double démarche courageuse de contre-pouvoir politique. La prise de conscience que les médiations technologiques et les réseaux de communication ne sont que des simulacres qui nuisent à la confidentialité et à la vie privée des citoyens devient aussitôt un sursaut démocratique.

Préoccupé par le bien commun et soucieux de l'intérêt collectif, celui qui donne l'alerte manifeste une liberté démocratique, un regard critique, une volonté de justice et d'équité : pluralisme médiatique, expérimentation citoyenne et équilibre des forces sont des contre-pouvoirs qu'il faut défendre aujourd'hui. Face à l'emprise économique et à la domination numérique, le courage politique de s'opposer au système est souvent une démarche solitaire et isolée.

Si James Bond est britannique, la Grande-Bretagne est précisément le premier pays en Europe à adopter un arsenal juridique pour protéger les individus et les lanceurs d'alerte, grâce au programme *Protect*, à l'origine du vote par le Parlement britannique du *Public Interest Disclosure Act*, en 1998. L'assistance procédurale et l'accompagnement législatif sont essentiels pour aider la génération des *millenials* à participer à l'action contre les plateformes de contrôle numérique, à l'ère des GAFAM (Google, Apple, Facebook, Amazon et Microsoft), BATX (Baidu, Alibaba, Tencent et Xiaomi) et NATU (Netflix, Airbnb, Tesla et Uber).

Si la technologie électronique et la connectivité généralisée des *big data* impactent notre environnement, nos mentalités, nos comportements et évolutions sociétales, comment éviter les dérives ? Parmi les plus terribles adversaires de James Bond, dans les récents films de 007, on trouve des cybercriminels qui font de l'hyperconnectivité numérique une arme qui déstabilise l'économie, la culture et la politique : dans *GoldenEye* le programmateur informatique Boris Grishenko du centre de contrôle des armes spatiales de Severnaya en Sibérie, dans *Demain ne meurt jamais* le puissant magnat Elliot Carver du Groupe Carver Media (GCM), dans *Skyfall* le cybercriminel et pirate informatique Silva, ancien agent de terrain à Hong Kong qui veut se venger, ou, dans *Spectre*, Ernst Stavro Blodeld qui met en place un immense réseau technologique de traitement de données à partir d'un *data center* installé en plein désert du Sahara dans lequel des centaines de *data analysts* et concepteurs de système travaillent pour lui. Le chef de l'organisation criminelle utilise toutes les opérations réelles et possibles du réseau virtuel, en manipulant les vitesses de séquençage et les capacités de traitement, pour organiser un vaste réseau de données, un déploiement de contrôle et de surveillance des informations à même d'engager un processus de destruction des pays, de menace contre les gouvernements et de chaos généralisé des démocraties. À la réunion secrète de l'organisation Spectre, à Rome dans le Palazzo Cardenza, Blofeld évoque ainsi les attaques terroristes faites à Hambourg, en Tunisie, à Mexico, avant celle prévue en Afrique du Sud.

D'ailleurs, si l'ennemi vient aussi de l'intérieur dans les films de James Bond avec le personnage de C – coordinateur des services de sécurité britanniques et traître à la solde de Blofeld, il transmet à l'organisation criminelle les informations des pays membres des Neuf Sentinelles –, il en est de même dans la réalité. Edward Snowden, jeune informaticien de vingt-neuf ans, a découvert un gigantesque programme de surveillance, sur des dizaines de milliers d'appels téléphoniques et d'échanges en ligne, mis en place par les États-Unis et la Grande-Bretagne.

Deux agences anglo-saxonnes étatiques – d'un côté l'organisme américain gouvernemental de renseignement électronique, la National Security Agency (NSA), de l'autre le responsable de la surveillance électromagnétique, le Government Communications Headquarters au Royaume-Uni (GCHQ) – ont organisé un espionnage électronique massif, illégal et choquant en matière de violation de la protection et de la confidentialité des communications. Le jeune analyste expert, travaillant pour un sous-traitant de la NSA, a fait sortir des bureaux du centre cryptologique américain des documents révélant les activités de ces agences de surveillance électronique parmi les plus puissantes de la planète.

Snowden a montré que ces agences avaient un accès privilégié aux serveurs des géants du numérique : Facebook, Google, Yahoo, YouTube, Skype, Apple ou Microsoft. La NSA collecte ainsi deux cent millions de messages par jour dans le monde. Ce système, qui procède aussi à des écoutes plus ciblées, d'Angela Merkel à la Commission européenne, du réseau financier Swift aux ONG comme Médecins du monde, est au service d'une coopération clandestine, l'alliance du groupe dit des *Fives Eyes*, les « Cinq Yeux » : l'illégalité de cryptage et de décryptement sert les intérêts des cinq pays que sont les États-Unis, la Grande-Bretagne, le Canada, l'Australie et la Nouvelle-Zélande. Si ouvrir un site web ou envoyer un courriel est une opération simple, pratiquée chaque jour plusieurs dizaines de fois par des millions d'utilisateurs, les révélations de Snowden ont montré la nécessité absolue d'un débat sur la neutralité des réseaux et sur la défense des droits des citoyens à l'ère numérique. Et cela, afin de dégager les garanties d'un droit et d'une législation pour l'avenir, seules conditions pour une liberté numérique fondamentale.

Comment protéger la circulation des données sur la Toile ? Seul un spécialiste, expert en réseau digital, est capable de mesurer l'état actuel de la culture numérique. Lui seul peut combiner et suivre cinq perspectives conjointes, les conditions techniques, l'évolution historique, les bases juridiques, les liens sociaux et les implications politiques, afin de dégager les garanties d'un droit et d'une liberté numérique fondamentaux.

ED, the spy who loves us ?

De l'espion au lanceur d'alerte il n'y a qu'un pas et de nombreux points communs rapprochent 007 et Snowden. Quel est alors le parallèle entre JB et ES ?

Un jour de mai 2013, le patriote et défenseur des libertés Edward Snowden quitte Honolulu sur l'île d'Hawaï pour Hong-Kong : sous le pseudonyme d'espion *Verax* (« Vérité » en latin) il donne rendez-vous dans un lieu ultra-secret à trois journalistes, Laura Poitras, Ewen MacAskill et Glenn Greenwald, du quotidien britannique *The Guardian*. Dans sa mallette d'agent secret, quatre ordinateurs et 50 000 fichiers hyper confidentiels de la NSA et du GCHQ sur plusieurs clés USB. *Verax* rend publique et fournit au monde entier la vérité sur un système international de surveillance de métadonnées électroniques et téléphoniques de millions de citoyens, mis en place par les *Fives Eyes*, grâce à des câbles à fibre optique sous-marins par lesquels transitent les communications mondiales.

De plus, avant de devenir le lanceur d'alerte clandestin *Verax*, Edward Snowden, informaticien surdoué et ingénieur spécialisé réseau, était un agent secret. « Avant je travaillais pour le gouvernement mais aujourd'hui je suis au service de tous », déclare-t-il en ouverture de son livre de mémoires : à vingt-cinq ans, agent de la CIA et affecté à l'ambassade américaine en Suisse, il vit sous couverture diplomatique à Genève dans un luxueux appartement qui donne sur le lac Léman ; à vingt-six ans Snowden part au Japon, sous une fausse identité, afin de mettre au point un réseau secret pour la NSA, comme d'ailleurs James Bond lui-même se rend au Japon sous un faux nom. D'un côté, dans la réalité, Edward Snowden est officiellement engagé comme prestataire de services et employé par la société Dell, alors qu'il est un véritable espion et informaticien pour la NSA. Au Japon, sous sa couverture, il développe *EpicShelter*, « refuge épique », système de sauvegarde de données. De l'autre côté, dans la fiction, James Bond se rend à Tokyo afin d'enquêter sur l'entreprise Osato. Pour y parvenir, il prend le nom d'emprunt de Fisher, ingénieur industriel de Empire-Chimie. Bond et Snowden, les deux hommes ont une fausse identité pour mener à bien leur mission asiatique.

Mais alors qu'ils sont tous les deux patriotes et citoyens anglo-saxons Bond et Snowden savent confronter la société à elle-même et l'obliger à s'interroger sur ses lois, son organisation, ses valeurs. Snowden fait sédition et désobéit. Il fuit et part en exil. Bond est un agent dissident qui s'émancipe, surveillé par ses supérieurs, prêt à démissionner à de nombreuses occasions. De façon différente, ils affirment tous les deux leur liberté, leur volonté d'émancipation et leur conscience individuelle.

Ne plus faire confiance aveuglement aux lois de son pays, apporter un regard critique sur le fonctionnement judiciaire et avoir une vigilance citoyenne sur les institutions nationales, cette démarche relève d'un choix éthique engagé. Cela s'appelle tout simplement devenir un sujet politique. À leur manière, Bond et Snowden nous offrent deux attitudes de fidélité à la démocratie et d'engagement au service de la communauté. Ils relèvent le gant, acceptent le défi et se lancent dans le combat pour la liberté. Nous pouvons les saluer pour cela, même si la transparence radicale comporte également des dangers et des dérives. D'ailleurs, Edward Snowden lui-même conclut, dans ses mémoires, en ce qui concerne le lien entre l'espion et le lanceur d'alerte, ainsi qu'à propos de la notion de protection de la vie privée : « La démocratie la plus transparente au monde doit pouvoir refuser de divulguer l'identité de ses agents secrets. » Comme une réponse à l'intrigue initiale de *Skyfall*, où se profile la menace de divulgation sur le web d'agents secrets infiltrés, il s'agit de garder l'œil ouvert et de nous confronter, sans cesse, à notre propre responsabilité vis-à-vis de la société démocratique.

De Pussy Galore aux Pussy Riot

Dans les films de James Bond l'espion, ou l'espionne, change régulièrement d'identité narrative et fictive. Rendre « trouble » sa ressemblance à soi est un geste opératoire classique : devenir un être multiple permet de brouiller son unité subjective et de la rendre incertaine aux yeux d'autrui. Devenir autre participe de l'activité de l'agent secret. L'espion est une incarnation de la division du sujet, qui n'est pas ce qu'il paraît être et peut s'individualiser autrement. Ainsi en est-il lorsque 007, pour passer incognito à l'Est, devient en quelques instants Charles Moreton, représentant d'un fabricant de Leeds visitant des usines de meubles en RDA. La transformation doit échapper à l'emprise et au savoir. Jouer de diverses figures afin d'être insaisissable, telle est la métamorphose de l'agent secret.

Pour ne pas être enfermé dans une seule et unique identité, il faut brouiller les pistes et perturber les genres. Dans ce cadre, la stylisation du corps opère fortement, déplaçant par là même les modalités de construction de soi.

Mais le trouble de l'identité peut également concerner les enjeux du masculin et du féminin dans la saga de 007. Quel est l'impact de la transformation des corps sur la vision genrée au cinéma ? Quelle conséquence a la métamorphose des êtres sur la représentation des rapports des hommes et des femmes à l'écran ? Comment aussi remettre en question les normes et les impératifs de domination et ouvrir un espace pour les mouvements lesbiens, gays ou transgenres ?

Le jeu des masques et des identités plurielles participe de l'imaginaire érotique et esthétique de la saga James Bond. Quelle est alors la place de la série 007 dans les théories féministes, la question queer, la réflexion développée dans les *gender studies* ou les *lesbian, gay, bisexual and transgender studies* ? N'est-ce pas alors dans ce cadre d'analyse que, d'une certaine manière, les actuelles et dernières James Bond au féminin ont pu se réapproprier la figure de l'agent secret et procéder à une certaine inversion des places et des rôles ?

Si les symboles du mâle viril et de la sulfureuse séductrice possèdent une dimension politique, sociale, culturelle, économique ou artistique, la relation de ces symboles dans l'œuvre des James Bond tourne autour de la question du jeu de séduction : qui séduit qui ? Séduire ou être séduit ? Quelle perception prend le dessus, en utilisant le corps, le langage, l'émotion ou le regard ? Dans l'interstice que constitue l'échange ou la confrontation entre le féminin et le masculin, la saga 007 offre une multiplicité de perspectives : en particulier une plasticité innovante et une capacité de résistance contre les mythes et les stéréotypes. Et, à y regarder de près, les films de James Bond accompagnent les différents mouvements de libération des femmes, annoncent le militantisme, l'activisme, l'émancipation et la délivrance du féminisme et du lesbianisme.

Bien avant l'irruption du mouvement #MeToo, lancé par la militante Tarama Burke puis par l'actrice Alyssa Milano en 2017, contre le harcèlement, les agressions sexuelles, les violences faites aux femmes, la question du féminisme est au cœur du film de 1964, ce quatre ans avant les mouvements révolutionnaires de mai 1968. Loin du cliché « macho » qui colle à la peau de 007 en tant que dominateur hétérosexuel et sûr de lui-même, contre la normativité et les stéréotypes, Bond se débarrasse de la domination, l'hétérosexisme et du machisme. Oui, à l'opposé de l'image sexiste de l'agent secret, le film *Goldfinger* place 007 au cœur des *New Gender Politics*. Comment permettre une instabilité, opérer des glissements et multiplier les brouillages ? De quelle manière mettre en crise l'opposition binaire des positions masculine et féminine ?

Le trouble des identités, des places et des genres, est incarné par Pussy Galore, personnage qui revendique émancipation, fluidité et liberté. Elle sort de l'image traditionnelle de la muse de 007, languissante et fragile, de sa passivité. Par ses diverses identités sexuelles et sentimentales elle permet de brouiller les frontières entre pansexualité et bisexualité, d'interroger les normes féminines et masculines et d'esquisser dans l'espace du film des perspectives *drag*, transgenre et *queer*. Le mouvement *queer*, qui dénonce la catégorie patriarcale de « femme », déconstruit la dichotomie entre homosexualité et hétérosexualité. De ce point de vue, en 1964, les figures iconiques et héroïques de *Goldfinger* ne sont pas les hommes, ni James Bond ni Félix Leiter, mais les femmes pilotes de l'équipe féministe de Pussy Galore.

Moderne et libre, indépendante et pragmatique, Pussy Galore incarne une militante lesbienne et féministe engagée. À la tête de sa propre flotte aérienne, elle est une cheffe pilote d'avion, experte dans les figures acrobatiques de haute voltige qu'elle enseigne aux autres membres de son équipe. Toutes de noir vêtues, les intrépides voltigeuses du *Pussy Galore's Flying Circus* constituent une escadrille ou flottille aérienne.

Par ailleurs, cette ancienne artiste de trapèze possède un haut niveau de compétences dans la pratique des arts martiaux, notamment le judo et le ju-jitsu. Elle affronte 007 lors d'une célèbre scène de combat à mains nues dans le foin d'une grange, au cœur du ranch de Goldfinger. Pendant son combat rapproché, au corps à corps, Pussy Galore manie avec élégance et puissance la force physique et la maîtrise technique. Elle fait preuve d'un sens de l'équilibre et d'une économie des coups – elle ne blesse pas physiquement James Bond, peut-être seulement son amour-propre. Elle excelle dans la réactivité de la défense-attaque : par une technique de projection avec les bras et les jambes appelée *nage waza*, Pussy Galore soulève James Bond, le renverse d'un coup net et précis et le projette sur le sol, sa chute précipitée étant heureusement amortie par la paille et le foin.

Être sensible autant qu'individu déterminé, elle possède à la fois le cœur et l'ardeur au combat, le calme et la fureur. Pussy Galore manie la tendresse et la violence, possède la vulnérabilité et la solidité, engage l'amour et la guerre, maîtrise le pilotage d'avion et l'art martial du ju-jitsu. Son action et son engagement dans *Goldfinger* montrent combien sont liés combat démocratique, pensée politique et libération sexuelle. Discrète et directe, Pussy Galore est une héroïne exceptionnelle : son existence est une résistance.

Incarnant l'autodéfense féminine comme nouveau rapport au monde, sa singularité associe expérience et subjectivité pour apprendre aux militantes à se défendre. Pussy Galore met en action, dans *Goldfinger*, une nouvelle pratique de soi, mentale et corporelle, et développe une autre politique de transformation du sujet féminin.

Lors de la première rencontre de Pussy Galore avec 007, dans le jet privé de Goldfinger, les rôles sont modifiés, les places sont inversées. Pussy Galore a le dessus sur 007, elle le domine et dirige la conversation lors de cette scène.

Pussy Galore est debout, James Bond est assis ; elle le maintient en joue avec son arme, il sirote un cocktail de vodka Martini ; elle contrôle les cartes et le plan de vol, se tient près du cockpit à l'avant de l'appareil ; il tourne sur sa chaise, ignore la destination, se demande où va l'avion et se trouve au second plan, derrière elle ; la caméra capte 007 en plongée, au-dessus, alors qu'elle filme la pilote hors pair en contre-plongée, de dessous, donnant l'impression que l'homme qui porte le verre est plus petit que la femme tenant le revolver.

Pour tenter de la séduire, 007 lui demande s'il peut se refaire une beauté devant la glace et se retire dans la salle de bains de l'avion afin de se changer. Pussy Galore lui répond avec le sourire qu'elle lui accorde cette permission, mais que c'est bien peine perdue pour lui. « Je suis immunisée. » lui dit Pussy Galore, insensible à ses grands airs et à son numéro de charmeur viril. Lorsque Bond ressort de la salle de bains, après avoir revêtu une toilette appropriée, Galore se moque de lui et lui passe la pointe de son revolver sur le menton, en lui signifiant qu'il s'est rasé de près. Bond semble démuni devant l'assurance et l'aplomb de la cheffe d'escadrille. Multipliant les glissements et les brouillages, le duo entre Pussy Galore et James Bond met en crise l'opposition des modes classiques du masculin et du féminin. Leur relation opère un démantèle-ment des frontières rigides entre l'homme et la femme.

Si la troupe de Pussy Galore préfigure et annonce le Mouvement de Libération des Femmes (MLF), créé en 1970, la garde rapprochée des voltigeuses évoque d'autres mouve-ments, de manière plus large. Alors que le Suffragettes Self-Defense Club ouvre ses portes dès 1909 dans le quartier de Kensington à Londres – pour proposer des cours d'art, d'ex-pression esthétique, mais aussi des ateliers d'autodéfense –, se développe aussi, par exemple, l'équipe britannique secrète de protection rapprochée, la Bodyguard Society. Née dans les années 1910 en Angleterre, cette troupe de militantes engagées est aussi appelée « Amazons ». Plus proche de la date de sortie du film, on peut aussi citer la création de NOW, National Organization for Women, par Kay Clarenbach et Betty Friedan, le 29 juin 1966, pour les droits civiques et contre les discriminations. Ou encore, plus près de nous, on peut penser à l'écoféminisme, au féminisme *queer* ou au féminisme pour les 99%, défendu notamment par la théoricienne critique Nancy Frazer. À l'ère de la multiplication des réseaux de diffusion et des plateformes, l'activisme se modifie et se transforme.

Mais le groupe de Pussy Galore peut aussi faire écho aux Pussy Riot : en 2012, le groupe féministe et écologiste punk rock russe, les Pussy Riot, réalise une performance artistique dans la cathédrale moscovite du Christ Saint-Sauveur, en revisitant, sous forme de happening, un *Te Deum*. Suite à cette expérience esthétique, trois membres du groupe sont condamnées à deux ans d'emprisonnement dans un camp en Sibérie. Cette condamnation provoque un scandale mondial. Plus tard, après leur libération, les artistes féministes lancent le mouvement « Justice Zone », une plateforme numérique pour soutenir et aider les femmes retenues prisonnières en Russie.

Ainsi, contre une société conventionnelle et normative, les combattantes de Pussy Galore, la reine des Amazones, viennent bousculer les codes et abolir les règles.

Au royaume d'Octopussy

Comment les films de James Bond mettent-ils en avant des personnages féminins complexes et singuliers, pour expérimenter un nouveau style du féminin ? Si le sujet individuel est toujours projeté devant soi, dans un jeu de miroirs jamais fermé, les identités féminines dans la saga de 007 ne sont pas closes, mais ouvertes sur la multiplicité. Elles engagent un processus de construction et de renouvellement qui bouscule les stéréotypes et les clichés. À travers des figures emblématiques, à l'image d'héroïnes hors du commun comme le personnage de May Day dans *Dangereusement vôtre*, assiste-t-on alors à la dynamisation à l'infini de la différence sexuelle ?

Dans le sillage de la réflexion de Judith Butler sur le « trouble dans le genre » – la philosophe rappelle combien les rôles sexuels sont provisoires, momentanés, construits et permettant l'émergence de nouveaux sujets collectifs, individuels et minoritaires –, la saga fictionnelle de James Bond questionne l'articulation des identités et des déterminations. « Je suis apatride. », dit Octopussy à James Bond, lui signalant qu'elle n'appartient à aucun territoire et qu'elle souhaite vivre hors des normes et des frontières.

Si Pussy Galore préfigure en 1964 la création de mouvements engagés comme le Women's Lib en 1970 ou signale les nouveaux travaux de réflexion de Monique Wittig dans *Le Corps lesbien* en 1973, le féminisme militant d'Octopussy évoque un autre groupe engagé pour le combat des femmes, l'apparition de « Femen » en 2008. Créé par des personnalités engagées comme Anna Hutsol et Inna Shevchenko, le mouvement féministe des Femen est né dans l'Ukraine postcommuniste. Ces militantes luttent contre le patriarcat autoritaire et contre le libéralisme marchand. Pour elles, le corps n'est pas un objet sexuel, mais une arme politique. L'action de Femen participe au renouveau de l'activisme féminin. Amazones intrépides et libres, les activistes internationales du groupe Femen sont peut-être les dernières James Bond, même si, à nouveau, un radical *sextrémisme* a également ses limites. Comment articuler action politique et performance esthétique, comment équilibrer la sensibilisation de l'opinion et la dénonciation des abus, en vue d'alerter la population sur les violences faites aux femmes ? Le rôle des Femen est essentiel.

De son côté, dans la fiction, Octopussy est une figure charismatique qui incarne la femme libre et indépendante. « Octopussy » est le surnom d'Octavia Charlotte Smythe. Elle est à la fois la directrice d'un cirque international et la cheffe d'un gang féminin de trafic et de contrebande de bijoux volés. Meneuse spirituelle et militaire, elle vit entourée de femmes et habite le palais flottant au large du lac d'Udaipur, en Inde. À la fois leader et gourou, guide protectrice et femme influente, elle apporte une discipline de l'âme et du corps à la communauté des femmes autour d'elle. Elle offre un véritable mode de vie à son équipe entièrement féminine. Pour protéger l'existence et l'intégrité des femmes l'entourant, Octopussy forme ses adeptes à l'autodéfense et à l'indépendance. À la tête du commando féminin, Octopussy mène le combat. Sa troupe attaque le palais de la Mousson de Kamal Khan en Inde. Ce dernier a tenté de détourner et d'utiliser le *Octopussy's Circus* pour commettre un attentat sur la base aérienne militaire américaine de Feldstadt.

Avec Octopussy, les femmes indépendantes sont autant des artistes accomplies que des combattantes redoutables. Ce sont des alliées acrobates et expertes dans le combat au corps à corps, à l'image d'une autre femme d'action, Magda, la contrebandière et bras droit d'Octopussy.

C'est d'ailleurs aussi en Inde, à Calcutta, qu'est née la théoricienne postcoloniale Gayatri Chakravorty Spivak, engagée dans la défense des femmes « subalternes ». Dans le cadre de la lutte pour la reconnaissance, la femme subalterne est exclue du discours et de la représentation, dépossédée de son identité culturelle et sociale. Spivak contribue à redonner à la femme un visage, une expression autonome et une capacité d'action. Privée d'imaginaire et de subjectivité, la femme subalterne est forcée à parler la langue patriarcale et à se définir comme l'autre du sujet occidental et masculin. Spivak dénonce la violence impérialiste qui empêche l'indépendance de la parole féminine.

En modifiant la vision des identités culturelles, la pensée postcoloniale bouleverse les oppositions simplistes calquées sur les modes de subjectivation et, au-delà, propose une nouvelle réflexion dans un monde globalisé. Dans le sillage de la réflexion de Gayatri Spivak, Octopussy ne serait-elle pas une activiste postcoloniale ? En offrant aux femmes un lieu de résidence et de formation, le palais flottant, Octopussy tente de faire sortir les femmes de leur état subalterne. À sa façon, Octopussy explique que si une femme luttant contre la subalternité engage un acte de résistance sans une infrastructure pour le faire reconnaître, elle agit en vain. D'un côté, la théoricienne de la littérature Gayatri Spivak présente « les efforts pour donner aux subalternes une voix dans l'histoire » dans *Les subalternes peuvent-elles parler ?* , de l'autre l'héroïne Octopussy explique à Bond, à propos des filles marginales du sud-est de l'Asie qu'elle a recueillies : « Je les forme. J'en fais du même coup des femmes libérées, des femmes libres. »

Ainsi, au milieu des bagarres, des affontements et des actions viriles de l'espionnage masculin, la saga de 007 multiplie les tensions et transformations qui répercutent à l'infini les espaces de recréation du féminin.

Volcanique et subversif, le cinéma de James Bond peut, à sa façon, se montrer transgressif : les films déplacent les imaginaires masculin et féminin, ou encore modifient les territoires du corporel et du sexuel.

Bien avant que le nouvel agent 00 soit incarnée par une femme africaine-américaine dans *Mourir peut attendre* en 2020, nouvelle espionne et recrue du MI6 possédant le « permis de tuer », James Bond est déjà plusieurs femmes, à l'image de multiples et intrépides aventurières comme Pussy Galore ou Octopussy. Le monde de l'espionnage lui-même change, comme le montre le rôle de plus en plus grand des femmes, dans la réalité de l'espionnage international. Ainsi, aujourd'hui, la nouvelle figure des services secrets la jeune Russe Anna Chapman-Kouchtchenko. Mata Hari aux yeux verts. Elle a œuvré au Royaume-Uni pour le compte du Service de renseignement extérieur de la fédération de Russie (SVR). Star de l'espionnage, elle renouvelle également les techniques de surveillance et d'opération clandestine.

À l'ère de #MeToo, cinquante-huit ans séparent les deux personnages féminins de *James Bond contre Docteur No* et de *Mourir peut attendre*. D'un côté Honey Rider, incarnée par Ursula Andress, de l'autre Nomi, jouée par Lashana Lynch. D'un film à l'autre, la féminisation de la saga de James Bond se poursuit.

Dans le cadre de la lutte pour la reconnaissance et la revendication de positions identitaires ou minoritaires au sein du champ politique et social, la figure masculine classique de la virilité bondienne s'efface peu à peu au profit d'un pluriel multiple féminin et féministe. La saga 007 est dans l'air du temps.

Ainsi, et sans doute est-ce là l'ultime secret des aventures de James Bond, le secret des secrets, comme un sixième et dernier mystère enfin révélé : jouant de la répétition comme de l'imprévu, les films de 007 instaurent des codes qu'ils bouleversent aussitôt. Émergence, résurgence, enchaînement de figures et rupture de styles. Alors même qu'il crée un genre bien défini, comme une structure établie pour durer et se répéter, le cinéma de l'espion britannique transgresse les normes esthétiques qu'il vient de créer. Cinéma avant-gardiste, politique et féministe, l'œuvre cinématographique inspirée du personnage de Ian Fleming offre, aux spectatrices et spectateurs du monde entier, une plasticité visuelle, étonnante et salutaire. Pourquoi dérégler la routine, provoquer l'écart, briser la répétition ? Pour nous en émanciper et nous emmener ailleurs.

En réinventant les relations entre l'action, le suspense et les personnages, l'esthétique de 007 dessine un nouveau type de cinéma. Sans figer le spectacle dans des artifices conventionnels, la saga de James Bond innove sans cesse. Le film offre une dynamique et propose un mouvement, mais enchaîne une partition bien maîtrisée, qui nous emporte vers un monde de différences, de libertés et d'émancipation.

Variations d'un invariant, bien joué James !

POSTFACE.
L'ŒIL DE NUIT

Lorsque j'étais en hypokhâgne au lycée Louis-le-Grand à Paris, je me rendais chaque jeudi soir au ciné-club de l'établissement. Plaisir hebdomadaire privilégié entre le cours de philosophie du jeudi après-midi, une lecture annuelle de *La Critique de la raison pure* de Kant, et les programmes de révision de fin de semaine, consacrés à la littérature, l'histoire ou le latin.

Malgré l'intensité de cette formation, je n'ai jamais dérogé au rituel que je m'étais fixé : découvrir chaque semaine un nouveau film dans la salle de spectacle du lycée, transformée pour l'occasion en lieu de projection. Nous n'étions souvent que quatre ou cinq spectateurs, parfois bien davantage. Mais quels souvenirs intenses ! Film après film, séance après séance, le plaisir de la découverte s'amplifiait.

Et l'aventure cinématographique, souterraine et un peu clandestine, vécue comme un parcours parallèle, traçait son chemin, en contrepoint de l'apprentissage ordonné de l'hypokhâgne.

Vingt ans plus tard, j'ai encore le carnet de notes, toujours conservé, consacré à ces films et que je remplissais dans ma chambre d'études, dès la fin du visionnage. S'y inscrivent mes remarques et commentaires personnels, nourris de discussions entre élèves à la sortie du ciné-club, complétés d'une fiche technique simplifiée, à partir de la lecture de *Histoire du cinéma mondial.*

Ouvrage de référence, le livre de Georges Sadoul me permettait de retrouver avec bonheur d'indispensables informations sur les conditions de mise en scène, tournage et production. Pionnier d'une histoire subjective et critique du cinéma, Sadoul y mêlait des analyses économiques et ajoutait ses considérations politiques sur les œuvres. Préfacé par Henri Langlois, fondateur de la Cinémathèque française, ce livre, si précieux pour les grands classiques du cinéma, s'arrêtait aux années 1970 dans la réédition que je possédais. Pour les films plus récents, il fallait se débrouiller autrement.

Aujourd'hui encore, en m'appuyant ici ou là sur mes notes, je me souviens de l'ordre des films programmés cette année-là au ciné-club de Louis-le-Grand : *La Splendeur des Amberson* d'Orson Welles, projeté en septembre, juste après la rentrée, puis *Le Tambour* de Schlöndorff, *Drôle de drame* de Marcel Carné, *Haute Pègre* de Lubitsch, *La Salle de bain* de John Lvoff, *Alexandre Nevski* d'Eisenstein, *Amator* de Kieslowski, *Monsieur Verdoux* de Chaplin, *Le Cuirassé Potemkine*, un autre Eisenstein,

Family Life de Ken Loach, *Le Septième Sceau* de Bergman, le *Journal intime* de Nanni Moretti, quelques autres encore.

Parmi cette liste, le septième projeté fut un film d'espionnage de 1931, *Agent X-27*. Josef von Sternberg y met en scène une prostituée, sous les traits de Marlène Dietrich. Engagée à Vienne en 1915 par les services secrets autrichiens, elle a pour mission de découvrir un traître à la solde des Russes pendant la Grande Guerre.

Lors d'une scène de carnaval époustouflante, la vamp prend contact avec l'espion russe. Elle le séduit et découvre son stratagème, qui consiste à recevoir ses instructions puis à transmettre en retour des informations secrètes, en les dissimulant dans du papier à cigarettes.

Une fois le traître confondu, la seconde partie du film se déroule entre la Russie et l'Autriche. C'est que, cette fois, notre héroïne tombe amoureuse d'un colonel russe, jusqu'à se sacrifier à sa place. Elle aide ainsi l'officier ennemi à s'évader de prison et se trouve condamnée pour trahison. La répétition des péripéties, démasquer ou être démasqué, en miroir l'une de l'autre dans les deux parties du film, est au service d'un expressionnisme raffiné.

Le film de von Sternberg s'inscrit dans la série des grands classiques du film d'espionnage, comme *Spione* de Fritz Lang, qui s'ouvre sur un trottoir délabré et une déambulation dans Berlin. Il annonce aussi à sa manière *The secret agent* d'Alfred Hitchcock, « film d'aventure à but négatif » selon la définition qu'en donne le réalisateur dans son dialogue avec François

Truffaut, et où le héros répugne à abattre l'espion ennemi lors de sa mission. Ces trois films appartiennent à la même période du cinéma, réalisés en 1928 (Lang), en 1931 (von Sternberg) et en 1936 (Hitchcock).

Agent X-27 préfigure, par son formalisme baroque et sauvage, par l'esthétique sensuelle et le charme troublant qui se dégagent de son personnage principal, l'espionne jouée par Marlène Dietrich, un autre univers cinématographique, celui de l'agent secret et héros populaire James Bond.

Cela provient de ce qu'en parallèle au ciné-club et aux tribulations de l'agent X-27, inspirées de la vie de Mata Hari – *mata hari* désignant en malais l'« œil du jour », le soleil –, je partageais un autre plaisir cinématographique dans le cadre, cette fois, du cercle familial : regarder avec ma sœur, mes frères et mes parents, dans le même enthousiasme partagé, les aventures de 007 sur magnétoscope.

Deux plaisirs du septième art : d'un côté, le visuel pour l'œil de jour, *mata hari* à Louis-le-Grand, et, de l'autre, l'écran sur l'œil de nuit, James Bond dans le cercle familial. Deux jeux de l'image, *goldeneye* ou *darknesseye* ? Mais faut-il continuer à opposer le cinéma d'auteur au cinéma populaire ? Pourquoi maintenir cette distinction, au sein des multiples créations, entre la qualité artistique du cinéma exigeant et la quantité des blockbusters *mainstream* ? Mon expérience personnelle, qui conjugue le ciné-club et le cinéma familial, invite davantage à rapprocher les différents projets et à conclure qu'il faut dépasser l'opposition entre l'œuvre signée *versus* l'œuvre ouverte.

La réflexion que je propose sur le cinéma consiste à élaborer des passerelles pour passer d'un film à l'autre, à établir des ponts entre l'œuvre qui repose sur l'exigence, l'audace d'un metteur en scène dévorant, intraitable, et la création qui entretient l'ingénuité du regard.

Pour beaucoup de spectateurs à travers le monde, le film d'action international semble en effet anonyme. Il entretiendrait l'idée d'une absence de signature artistique et d'empreinte de mise en scène, en mettant au service de cet anonymat et de cette ingénuité des moyens techniques et spectaculaires, narratifs et inventifs, financiers et commerciaux, à même de séduire différents publics aux quatre coins de la planète.

Pourtant, si l'on accepte de porter une attention étonnante et étonnée au plus petit détail de l'image cinématographique, et si l'on se donne la peine de scruter avec précision l'élément philoscopique dans la scène visuelle elle-même, alors, soudain, apparaissent les raisons qui font que la grâce, le plaisir et la magie sont toujours là. La rencontre réussie de l'art et du commerce, le pacte prodigieux de la démesure et de l'extraordinaire, le jeu subtil de l'enfantin et du merveilleux, la douce alliance de l'action et de l'émotion, le mixte de la violence et de la beauté, l'association entre la fragilité et la force et le duo du glamour et du suspense. Tels sont aussi les secrets du paysage bondien, poème symphonique et tragédie grecque mêlés. Paysage fait pour durer longtemps. *Once upon a time in 007 story.*

Table des matières

Introduction. Un nouveau regard sur 007 13

Les penseurs du cinéma contre James Bond 13

Invention de l'image-action 16

Philoscopiquement vôtre 22

Le pouvoir panoptique de la caméra 26

Vol au musée : Julius No a fait le coup 28

Philoscopie de l'agent-espion 30

1. Par-delà Est et Ouest : *Game save the Queen* 35

Grande-Bretagne, année zéro 36

Meurtre dans un jardin anglais 45

La dolce morte 52

Outsider sans frontière 59

2. Entre britannicité et mondialité,

la création du chaos-cinéma 69

Voyage en Britannie 70

Le goût du sherry.. 78

À bout de souffle.. 88

Les trois métamorphoses 90

The world is yours... 96

« My name is Bondov, Jerzy Bondov. »................. 101

Puissance esthétique de la démesure........................ 105

3. Du dandysme au romantisme,
   la comédie du *surmariage*..115

   L'espion s'habille en Prada................................... 117

   Le temps des amants 126

   Nous nous sommes tant aimés.............................. 138

   Miracle à Londres... 149

4. Du corps glorieux au corps spectral,
   la résurrection du fantôme.......................................155

   La force est avec lui.. 156

   Dead spy walking.. 169

5. Style pulp et intensité pop 183

   Pulp fiction.. 184

   Les vestiges du jour 186

   All around the world 192

   Retour vers le futur... 203

Conclusion. Les dernières James Bond 215

   The last action hero 217

   L'alliance secrète des « Five Eyes » 220

ED, the spy who loves us ? 224

De Pussy Galore aux Pussy Riot 227

Au royaume d'Octopussy 234

Postface. L'œil de nuit 241

www.ingramcontent.com/pod-product-compliance
Lightning Source LLC
LaVergne TN
LVHW051154060726
842526LV00014B/3192